Yilin Illustrated Classics

有声双语经典

Odyssey
奥德赛

[古希腊] 荷马 著
刘露 译

译林出版社

微信扫描二维码收听英文有声书

每一个灯光漫溢的夜晚

去年开始，京东图书商城的运营者们在网上做了一档很不错的栏目，叫作“大咖书单”，我记得是在第四期时，我为这份书单推荐了两本书，《杀死一只知更鸟》和《奇风岁月》，到第七期又推荐了两本，《老师，水缸破了!》和《天虹战队小学》。回过头一想，赫然惊觉，两次推荐的四本书，居然都是出自译林出版社。潜意识里我对这家出版社是有多偏爱啊，我那么自觉自愿地、一往无前地做了译林社的一名“吹鼓手”。

没有办法，喜欢就是喜欢，没有道理可讲。

喜欢译林出版社的书，其实是因为我喜欢外国文学作品。细究起来，我对外国文学的热爱，源自童年那个无书可读的时代。我在扬子江边一个小小的县城长大，我父母工作的学校是当地最好的县中，县中图书馆多少有一些藏书，“文革”开始的那一年，书籍和老师们一同被揪出来示众，之后老师们游街，图书拉到操场一把火烧毁。图书馆主任“火中抢栗”，偷出一纸箱运回家中。主任的儿子跟我小学同班，因此我沾了他的光，把他父亲秘藏的小说书一本一本地搬运出来，在一双双黝黑的小手中辗转一圈之后，再神不知鬼不觉地偷放回去。那位图书馆主任可能比较“崇洋媚外”，弄回家的小说大都是世界名著，我对于外国文学的兴趣，便是从那时开始的。

那时年幼，读书不求甚解，又因为是背着大人们的“偷阅”，读书过程基本是囫囵吞枣。很多书传到我手里的时候缺头少尾，只剩下中间三分之二的篇幅，精彩之处戛然而止，急得我抓耳挠腮。页码齐全的书，抓到手里翻开就读，书名是什么，作者何人，很奇怪地忽略不计，一点儿不想知道。及至十年之后我上了大学，外国文学开禁，我在北大图书馆发疯一样地狂读名著时，时不时会在心里惊叫一声：这本书不是我小时候读过的吗？于是，嗅着书中陈年纸张散发的潮湿气味，心里涌出一种老朋友失而复得的狂喜。也有一些书，童年时候莫名其妙地读过了，却是踏破铁鞋无觅处。它们就这样永远地从我的生活中消失了，像无数消失在我生命旅途的朋友和家人。

高二那年，妹妹的同学借了我一套肖洛霍夫的《静静的顿河》。在我的生命中，那是一次飞跃，此后的这么多年我以文学为生，应该与那一次的阅读震撼有关。书中的那个哥萨克人格利高里，很长时间中成为我欣赏男性的标准。书中描写的顿河风光，至今都在我的脑子里鲜活和闪亮。

十九岁，我在农场插队。一个飘雪的冬夜，农场宣传队在场部排练节目时，电突然停了，礼堂里一片漆黑。一个只读了三年小学的农场工人对我们说："我来讲个故事吧。"他讲的那个故事叫《茶花女》。一直到今天我都觉得那个晚上的情景像梦。在那个不准读书的年代，那个没有文化的乡村，初小没有毕业的农民居然讲出法国作家小仲马的名著。那个漆黑凄美的冬夜，从此也深深刻印到我的记忆之中。那是我第一次领略悲剧作品的魅力。几年之后，时代剧变，我买到了《茶花女》的小说，听过了《茶花女》的歌剧，看过了同名电影，我从一切形式的《茶花女》中寻找那个雪夜的感觉，然而再不可能，最好的都是唯一的。

一九七八年初春进入北大，那一年外国文学还没有开禁，北大图书馆里辟出很小的一个房间作为"外国文学阅览室"，每星期三的下午，允许中文系文学专业的学生凭学生证进入阅读。我的印象中，那间阅览室只能容纳十几二十几个学生，每次开放，排在前面的同学才有机会被老师放进门去。于是那一年的“星期三”成了我们的排队日，匆忙吃过午饭，碗都来不及洗，拔脚往图书馆飞奔，一行人安静地在阅览室门外排队，等待两点钟开门放人。除却寒暑假、节日、有课的日子、有重要活动的日子，剩下的“星期三”并不是很多，所以每一次的阅读时间弥足珍贵。一书在手，全身心地扑上去吞食，每每到五点钟闭馆交书，站起身来，头晕目眩，虚脱的感觉。那种阅读，耗出去的不仅仅是脑力，还有巨大的体力。

一九七八年，人民文学出版社开始重印外国文学名著。刚开始的时候人多书少，全班同学轮流着到海淀新华书店通宵排队购书。那时年轻，通宵不眠为了买一本书，丝毫不觉辛苦。慢慢地书越出越多，时常到书店转悠，冷不丁地就碰上新书上架。排长队是不必了，痛切的感觉是口袋里钱太少。那时发下的心愿是哪一天发了财，可以把书店里的新书都捞回来。转眼三十年过去，谈不上发大财，买书是可以不计价钱了，可是看着书店里铺天盖地的图书，想到书架上还有很多书不及阅读，解囊的兴致少了许多，挑挑拣拣，带个一两本回家，心中并没有太多欣喜。人生的悲哀真正是无处不在。

还是回到一九七九年。印象之中，《世界文学》《外国文艺》《译林》这些杂志都是在那时候陆续复刊和创刊的。这些刊物着重介绍外国现当代文学，并且以中短篇幅的为主，对于习惯了阅读古典长篇的我们，眼前似乎又打开了另外一个世界。我非常清楚地记得，同班同学陈建功有一次读到格雷厄姆·格林的短篇《永远占有》，佩服得五体投地，双眼发光地跑来跟我们说："我真想跪在格林面前向他致敬！"

童年的阅读实在重要，它奠定了一个人终生的阅读口味。检点我书架上的书籍，百分之八十是外国文学作品。我曾经订阅过的刊物，有《世界文学》《外国文艺》《译林》《译文》《世界电影》……统统跟外国文学有关。几十年中，每一个灯光漫溢的夜晚，阅读这些缤纷华彩的文字，感觉世界离我很近。文字中写到的每一个角落，都是我心灵去过的地方。我占有了这些作品，我就占有了这个世界。

在我的印象中，译林社出的每一本书，无论是社科类的，还是人文类的，都值得读者收藏。而在译林社所出的文学类图书中，外国儿童文学作品又属精品中的精品，比之国内大多数专业少儿社所出的图书，译林社的视野更宽，选择标准更高，口味也更纯粹。很敬佩译林社的众多编辑们，他们敬业而又专业，总是能从全世界浩如烟海的各类书籍中挑选出最值得国人阅读的那一部分，延请最好的翻译家、最好的画家和设计师，做出一本又一本端庄而精致的图书，送到读者的面前。每次徜徉在灯光明亮的书店，或者打开手机上网搜索，译林社的新书总是我最中意的目标，我信赖译林社的出品，而且基本上不会失望。

翻开这套“有声双语经典”的书目，里面的作家和作品都是我熟悉的名字。有些书是在童年和少年时代各种侥幸落入我的手中的，有些是读大学时列入必读书单需要细读的，还有一些，比如《小王子》，比如《绿山墙的安妮》，少年和青年时代居然都错失了它们，是我在人到中年之后才补读完成。更有一部分，年轻时读过，花甲之年又重新捧起，是为了重温之后可以为我的小外孙女们详细讲解。在此我愿意把这些书目推荐给小读者们，是因为这样的一套书当之无愧地应该成为你们最好的朋友，会帮助你们更加优雅地长大。

作品导读

西方文学的重要奠基之作，荷马史诗《奥德赛》，延续了《伊利亚特》的情节，讲述了希腊英雄奥德修斯在特洛伊战争结束后历经十年艰难险阻，最终返回故乡伊萨卡的故事。全诗描绘了奥德修斯在海上流浪、应对种种险境的智慧与坚韧，以及最终回到家乡、恢复王位的艰辛历程，呈现了冒险、归乡和命运等经典的文学主题。

《奥德赛》的情节始于特洛伊战争胜利后，奥德修斯带领他的舰队开始返乡。然而，这场旅途并非一帆风顺，众神的干预和各种艰难险阻不断考验着他，也让他得以磨炼意志、施展智慧：遭遇残暴的独眼巨人波吕斐摩斯时，他巧施计谋带领伙伴脱险；面对海妖塞壬的迷人的歌声，他让手下绑住自己以抵抗感官的诱惑；船队经过怪物斯库拉与卡律布狄斯、面临双重死亡威胁时，他展示了冷静与决断力，也做出了艰难但必要的牺牲；而被女神卡吕普索囚禁数年后，他仍能拒绝长生不老的诱惑，坚持返乡，体现出对家园的忠诚。与此同时，奥德修斯的冒险也与他家乡的故事交织在一起：伊萨卡的王宫中，珀涅罗珀坚守对丈夫的承诺，拒绝了无数求婚者的追求；忒勒玛科斯在父亲长期失踪后，外出寻父，并承担起保护王国的责任。最终，奥德修斯在众神的帮助下回到伊萨卡，凭借智慧和勇气击败了众多求婚者，重拾家庭，也恢复了他作为国王的荣誉。

《奥德赛》结构宏大，呈现出古希腊神话、冒险故事与现实生活的交织。但与《伊利亚特》的壮阔战争叙事形成鲜明对比的是，它的焦点更多集中于个体的奋斗与归属。奥德修斯不只是一名勇猛的战士，更是一名每每依靠计谋化险为夷的英雄，其形象体现了古希腊文化对人类理性与智慧的高度崇尚。而他的十年海上之旅不仅是回归家园的身体旅程，更是精神归属与身份认同不断确认的过程。他放弃神祇赋予的永生机会、拒绝魔法的诱惑，执意回归凡人的生活，过程中不断重新审视自己的身份——既是战士、领袖，也是丈夫与父亲。这种对自由意志的坚持、对“凡人”身份与意义的探索使得《奥德赛》具备了更为细腻的情感深度与哲学意涵。而诗歌恢弘的叙事场景、精妙的倒序与插叙结构、丰富的象征与隐喻，以及细腻的人物描写，也成功地服务于它对人类身份认同的主题的呈现，赋予了这部史诗更为深刻的文化与哲学意义。

正因为此，《奥德赛》不仅在古希腊文学中占据重要地位，也对西方文明产生了深远的影响，并成为后世文学艺术创作的永恒灵感源泉。文艺复兴时期的诗人但丁在《神曲》中明显复现了《奥德赛》关于冒险旅程与探索未知的母题。现代小说家詹姆斯·乔伊斯的《尤利西斯》更是借《奥德赛》的叙事框架，来呈现20世纪都市生活中的人类体验。《奥德赛》对人类本性、智慧和命运的思考，尤其是对人类面对不可预知的命运时的抗争与坚持的描绘，赋予了这部史诗永恒的魅力。

（刘露/文）

作家简介

古希腊人一直将荷马史诗视作希腊文化的精华，并相信荷马是一位真实存在的历史人物。事实上，关于荷马的生平史料甚少，古代留下的多篇荷马传记，亦内容矛盾，难作参考。但围绕荷马身世与创作的各种传说，基本上都离不开以下几点：他生活在约公元前9世纪到前8世纪之间，出生于小亚细亚的伊奥尼亚，即今天土耳其西部的爱琴海岸地区。他是一位双目失明的游吟诗人，而古希腊人相信盲人的心灵比正常人的更清澈澄明。他创作了《伊利亚特》和《奥德赛》，两者统称荷马史诗。

古希腊时代，希罗多德、修昔底德、柏拉图及亚里士多德等历史学家和哲学家，都认定荷马是两部史诗的作者。而诗中特洛伊王子帕里斯放牧羊群的伊达山（今土耳其卡兹山）、泽地上的鸟群、伊卡里亚海上的巨浪等诸多细节，以及诗歌中与伊奥尼亚方言相似的语言，也让不少学者确信作者生活在爱琴海以东的地区。但17世纪末以来，学者们渐渐对于荷马是否确有其人，以及他的籍贯、生活年代、是否史诗的唯一作者等一系列问题提出质疑，形成“荷马问题”。

如今多数学者认为史诗并非出自一人之手，而是多个诗人的合作或者是口头传统的集合，各种文本证据似乎也有力地证明着这一点。比如，《伊利亚特》和《奥德赛》在叙事风格和手法上存在明显的差异。前者主要描述特洛伊战争，强调英雄主义和战争的残酷性，后者则讲述了奥德修斯的冒险故事，更多凸显了智慧与家庭价值观，这样的差异可能表明不同的诗人或口头传统的影响。史诗中各处出现的物品、武器和技术等也存在差异，如有时出现青铜武器，有时则是铁制武器，这也支持了史诗的不同部分可能由不同的诗人在不同的时代创作的观点。有观点认为荷马可能是一位游吟诗人，对流传于古希腊的关于特洛伊战争的口传故事进行了搜集、整理和编辑。可以肯定的是，荷马史诗的最早成形离不开口传文学。在其以完整的文学作品的形态面世前，诗中的故事就经过一代代游吟诗人的传颂，随着时间的推移，影响不断扩大，内容也经过不断改编和增补，逐渐形成史诗的结构。

其实，荷马是否真实存在并不重要。荷马史诗在西方文学中扮演着重要的角色，对古希腊文化的传承起到了重要的作用，也在很长时间内影响着西方的宗教、文化与伦理观，并成为后世文学作品的重要参照和灵感源泉。无论荷马是否为虚构出来的人物，他的史诗都不仅是一部文学作品，也让读者窥探古代的英雄传说、价值观和生活方式，成为我们体会人类经验、道德和情感的重要窗口。

荷马史诗由于其重要性和影响力，被译为多国文字，其于鸦片战争前夕由传教士介绍到中国，作者名字先后被译为和马、马和、侯美尔、鄂谟种种。如今，荷马史诗译本众多，各有其特色和风格。

（刘露/文）

目录

第1章

忘忧乡

很多年以前，希腊以西的海中有座崎岖多山的小岛——伊萨卡，统治者是一位名叫奥德修斯的国王。

奥德修斯不怕任何人。他的强大勇敢举世无双，聪明机敏也无人可敌。他名扬四海，人称“足智多谋的奥德修斯”。他的王后珀涅罗珀不仅同样智慧过人，且天生美貌不输其智慧，心地纯良不输其美貌。

当奥德修斯和珀涅罗珀的独生子忒勒玛科斯还是个婴儿的时候，远在大海对岸的国家，特洛伊发生了一场惊天动地的战争。

那时，希腊诸王之王的兄弟①围攻特洛伊，希腊的国

① 希腊诸王之王，即阿伽门农，其兄弟即斯巴达国王墨涅拉俄斯。特洛伊战争的导火索即特洛伊王子帕里斯拐走了墨涅拉俄斯之妻海伦。——译注

王和王公都来支援他。尽管不少人都是路远迢迢地赶来，却没有一个比奥德修斯来自更远的王国。他抛下娇妻幼子和年迈的父亲，带领船队远航，前往特洛伊作战。

特洛伊围城持续了十年之久，无数的英雄参与了战争，但论及勇武，无人可与奥德修斯比肩。他化装成乞丐潜入城中，为希腊军队探得大量情报。之后，他又挥舞长剑杀出重围，将特洛伊人接二连三地砍死在身后。奥德修斯的其他壮举也不可胜数。

多年苦战后，希腊人终于攻下了特洛伊。围攻者们带着丰厚的战利品扬帆返航，奥德修斯也启航前往他山石嶙峋的小岛，那里高山巍峨，风吹过森林，树叶摇动。

此时，他的心中充满喜悦和渴望。他爱他美丽的妻子、幼小的儿子和年迈的父亲，也深情眷恋着他那海边的小王国。

“我认为没有什么比一个人的故乡更可爱了。”他说。奥德修斯希望自己很快就能重见亲爱的乡土，但在历经了一段漫长而艰辛的岁月之后，才最终回到故乡。

奥德修斯是一名战士，他会永远选择战斗而不是和平。

奥德修斯朝着故乡航行，风把他的船刮到了海岸边。他和手下登陆攻破了最近的城池，屠戮了那里的居民。他们还掳获了大量战利品，但还没来得及返回船上，内陆的人们便在清晨时分拥来，同奥德修斯与他的手下展开厮杀，那些人数量多如春天的茂叶繁花。

他们激战了一整天，但到了太阳下沉时分，当地人赢得了战斗。奥德修斯和手下回到了他们的船上。每艘船上都有六个人在战斗中丧命。

他们因连续的战斗内心悲伤不已，也疲惫不堪。这时，一场可怕的暴风雨来临了。

暴风雨将陆地和海洋淹没，任意推搡船只，又把船帆撕成碎片。两天两夜，船队只能任由狂风暴雨摆布。第三天黎明，风暴过去了，奥德修斯和手下竖起桅杆，扬起白色的风帆，乘风驶往家乡。

他本可以安全地回到自己的国家，但是强劲的波涛和猛烈的北风将船队吹离了航线。此后的九天九夜，他们被风浪赶逐，远离家乡，往远海驶去。

第十天，他们到达了忘忧乡。那片土地上的居民以甜蜜的忘忧果为食。吃下忘忧果，他们便忘记过去，也不再去想未来。他们忘却所有责任，也将一切悲伤抛在脑后，终日闲坐，沉溺于无边的逍遥美梦。

奥德修斯和他的手下在这里登陆打水。他派了三名兵士去探明这片土地上生活的是何许人。但食忘忧果者递给他们香甜的果实，每个人刚一吃完，便不想再回到船上，而是渴望永远留居在这片乐土，以忘忧果为食，在美梦中度日。奥德修斯将这些不情愿的人拖回船上，而他们泪流满面，不愿离开这些乐事。奥德修斯将他们紧紧地绑在长凳下，又命令手下迅速将船驶离岸边，以免其余同伴吃下忘忧果，忘记了他们的家园和亲人。

很快，他们全体出发，这些伊萨卡的男人怀着悲伤的心情，用长桨划开灰色的海面，驶离了这片遗忘之地与甜蜜的白日梦之乡。

第2章

独眼巨人之地

日复一日，奥德修斯的船队劈波斩浪。一天，他们终于再次踏上了陆地。

这是独眼巨人之地，他们是野蛮彪悍、不受法律约束的一族，从不种植庄稼，不耕耘土地，也不播撒种子，但他们的田地里小麦和大麦收成颇丰，葡萄藤上挂着累累硕果。独眼巨人们住在高山上的深洞里，每个人都管束着自己的妻儿，却不用向他人臣服。

在独眼巨人之地的海湾外，有一座树木葱茏的小岛。独眼巨人们既无大船，也无小舟，从未去往那里打猎，因而山羊群乐得在树林里悠闲漫步，啃食新鲜的绿草。

这岛上一片苍翠，十分宜人。肥沃的草地一直延伸到海边，葡萄藤枝叶茂盛，果实累累。岛上还有一座良港，

船只可以恰好泊在岸边。港口尽头是一个山洞，一泓清泉从中汩汩流出，四周长满了白杨树。奥德修斯指挥他的船队驶向那里。此时正是漆黑的夜晚，没有月色的指引，到处浓雾笼罩，他们却在不知不觉中穿过汹涌的海浪，安全地停泊在岸边。

他们酣睡了一整夜。玫瑰色的黎明来临后，他们开始探察这座岛，用弯弓和长矛猎杀了树林中的许多野山羊。

整整一天，奥德修斯和他的手下席地而坐，尽情宴饮。他们一面吃喝，一面望着海对面的独眼巨人之地，只见彼处炊烟袅袅上至云霄，人声和绵羊山羊的咩咩声清晰可闻。夜幕降临，他们在沙滩上入眠。待黎明到来，奥德修斯召集手下，对他们说道："亲爱的伙伴们，你们其余的人都留在这儿。我带着自己的船和船上的人，去探察港口对面那片土地上生活着何许人物。"

言毕，他便登上海船，手下将船划到独眼巨人之地。即将靠岸时，他们看到海边有一个高大的山洞。它以碧绿的月桂树枝为顶，似乎是用来圈养绵羊和山羊的。洞外有一堵高高的外墙，用石头砌成，十分坚固，四周环绕着高大茂密的松树和橡树。

那山洞里住着一个身材巨大、面目可憎的独眼巨人，他独居于此处，与羊群为伴。

他名叫波吕斐摩斯，是海神波塞冬的儿子。

奥德修斯带着十二名最得力的手下，前往巨人的洞穴，留下其他人看守船只。他还带上了一羊皮袋颜色深红、香甜醇厚的酒，以及一大袋玉米。

很快他们就到达了洞口，但是波吕斐摩斯并不在洞里。他已经赶着羊群去往青草地吃草，却将一圈圈的绵羊崽和山羊崽留在家中，挤满了山洞。洞壁边放着一排排奶酪，还有许多巨大的盆碗，里面盛满了乳清和牛奶。

“我们不如先拿上这些奶酪，”奥德修斯的手下对他们的国王说，“把它们带回海船上。我们再回来把所有的山羊崽和绵羊崽轰出羊圈，赶到海边，带到我们的快船上，启程返航。”

但是奥德修斯没有听从他们的话。他素来豪爽鲁莽，不屑于像贼一样溜进山洞偷走巨人的财物，却想先看看波吕斐摩斯是否会将他当作朋友招待，收下他带来的玉米和酒，并以相应的礼物作为答谢。

于是他们燃起柴火，以奶酪为食，坐下来等待巨人返回洞中。

傍晚时分，那巨人赶着羊群放牧归来，背上背着一大捆柴薪。他将柴捆丢在地上，发出巨响，吓得奥德修斯和他的手下四处逃窜，藏到洞穴深处最幽暗的角落。波吕斐摩斯把他的羊赶进洞里，再从地上抱起一块巨石封住洞口，那石头大得估计二十二辆四轮大车都难以拉动。接着，他坐下来，给母绵羊和母山羊挤奶，又将绵羊崽和山羊崽塞给它们各自的母亲哺喂。

他将一半的羊奶凝固起来，放在柳条筐里作为奶酪贮存，另一半则放入大桶中，留待晚餐时饮用。做完这一件件事后，他点燃了柴火，照亮了洞穴漆黑的四壁，发现了奥德修斯和他的手下。

“外乡人，你们是谁？”他用震响如雷的声音问道，“你们从哪里航行而来？你们是买卖人？还是舍着性命要祸害人的海盗？”

那巨人声音可怖，面孔狰狞，水手们吓得心胆俱碎，但奥德修斯仍开口答话：“我们从特洛伊来，正在寻觅家园，却被风浪驱赶到此处。我们是天下闻名、战无不胜的希腊将军阿伽门农的部下，然而我们既然来到你的地方，就恭敬地祈求你的善待。”

那巨人生性残暴，听到这话，对奥德修斯嗤之以鼻。“你可真是蠢到家了，”他说，“我不会饶过你和你的同伴。不过先告诉我，你们那精良的海船停泊在哪里？是在这附近，还是在岛的尽头？”

但是足智多谋的奥德修斯知道，巨人之所以问这个问题，只是想要加害于那些留在船边的人，因此他回答道：“我的船被暴风雨冲垮，搁浅在海岸边的岩石上，幸而我和这些手下逃得了性命。”

波吕斐摩斯没有作答，却猛跳起来，逮住两个人，摔向石头地面。他又将他们扯碎备作晚餐，像一头饥饿的猛狮，将两个人连皮带骨吃净，又从大桶里大口饱饮羊奶。餐毕，他摊开四肢，躺倒在地上，在他的绵羊和山羊旁边呼呼大睡。

奥德修斯和他的手下目睹这可怕的一幕，束手无策，惊恐万分。但一等那怪物睡着，他们就便开始商量如何逃跑。起初奥德修斯觉得，最好的办法是拿起他的利剑，刺入波吕斐摩斯的胸膛。但他一转念又明白过来，即便他杀死巨人，他和手下也必死无疑。因为他们没有力气将那巨石从洞口挪开，只能像老鼠一样死在陷阱里。

他们苦苦思索了一个晚上，也想不出好办法，只能一边痛苦地号哭，一边等待曙色来临。黎明那玫瑰色的手指刚触摸天空，波吕斐摩斯便醒了。他点燃柴火，给羊群挤奶，将小羊羔塞给各自的母羊哺喂。做完这些事情后，他又抓起另外两个人，将他们摔在石头地面上，做成早餐。饭毕，他挪开洞口的巨石，将羊群赶出洞外，又移回那块巨石。然后，他大声呼啸着，将绵羊和山羊赶往山里，留下奥德修斯和他剩下的八名手下囚禁在山洞中。他们思虑谋划着如何脱身，为死去的战友报仇雪恨。

奥德修斯终于想到了一个办法。羊圈旁放着一根巨大的橄榄树干，那是波吕斐摩斯砍下，准备晾干后用作手杖的。那树干高大粗壮，奥德修斯和手下都觉得它有一艘大货船的桅杆那么大。奥德修斯从这树干上砍下一长段，交给手下，让他们切削光滑。他们削好后，奥德修斯又亲自将一头削尖，放到火里烧硬。烧好后，他们将它藏在洞穴地面上的垃圾堆中。奥德修斯随即让他的手下抓阄，决定由谁与他一同抬起这根巨木，趁巨人熟睡时刺进他的眼睛，结果中阄的四个人正是奥德修斯想要挑中的人。

傍晚，波吕斐摩斯从山上下来，赶着他的羊群进了洞。然后他抬起巨大的门石堵住洞口，给母绵羊和母山羊挤奶，把绵羊崽和山羊崽塞给各自的母亲哺喂。做完这一切后，他又抓住了另外两个人，把他们摔在石头地面上，备作晚餐。

就在这时，奥德修斯从洞穴暗处走出来，手里拿着一只长春藤木碗，里面盛满了深红色的酒浆。

奥德修斯开口说道："既然你已经饱餐过人肉，不妨再享用一点酒，好知道我们船上的佳酿是多么香醇。"

波吕斐摩斯拿起碗，将那烈酒一饮而尽，又用他肥厚的嘴唇品咂着它甘甜的味道。

"再来些，"他喊道，"赶快告诉我你的名字，好让我送给你一份礼物。"

奥德修斯再次斟满酒递上，如此反复，直到烈酒冲昏那巨人的脑袋，让他糊涂起来。

这时候，奥德修斯说：“你刚才问我的名字，说会给我一份礼物。我名叫‘无人’，我的父亲、母亲和所有的伙伴都叫我‘无人’。”

那巨人心中不带一丝怜悯，当即回答道：“无人，我会先吃掉你的同伴，最后再吃掉你。这就是我给你的礼物。”

没过多久，他就在酒的作用下昏昏欲睡，随后仰着那张巨大的脸向后躺倒，沉沉入睡了。

巨人一睡着，奥德修斯便将他准备好的木桩插入火中，烧得通红，同时不断用言语鼓励和安慰手下。等到那青绿色的木桩烧热发红，他们就把它抽出来，一下子刺进巨人的眼睛里。随着一声剧烈而可怕的惨叫，巨人跳了起来，奥德修斯和其他人从他面前四散奔逃。瞬时，那巨人剧痛难忍，发疯似的大声呼喊其他巨人。他们都居住于多风的山顶洞穴中，听到他可怕的叫喊，纷纷赶来帮他。

“你怎么了，波吕斐摩斯？”他们问道，“你为何在黑夜里大声呼喊，惊扰了我们的睡梦？没有人偷你的羊吧？没有人想以诡计或武力害你性命吧？”

波吕斐摩斯隔着巨石呻吟道：“无人要用诡计杀死我。”独眼巨人们听了答道：“既然无人伤害你，你哭得这么大声，定是疾病所致，那你只能独个忍受，因为我们也爱莫能助。”

说完，他们纷纷大步离开山洞，留下那瞎眼的巨人因痛苦而愤怒、呻吟。他伸手摸索，找到了挡住洞口的那块巨石，将它挪开，自己在洞口坐下，张开双臂，打算在奥德修斯和手下逃跑时逮住他们。他坐着坐着，打起盹来，一等他睡着，奥德修斯就开始筹划起逃生的良策。

巨人的羊群中，数那些公羊最为健壮，它们身上的绒毛浓密厚实，乌黑发亮。奥德修斯用柔软的柳条将它们三只一组绑在一起，在每组中间的那只腹下藏好一名他的手下。他给自己选了最健硕的那只公羊，它年轻强壮，羊毛厚密蓬松。奥德修斯蜷着身子，藏在这只公羊肚子下面，脸朝上，双手紧紧抓住羊毛。就这样，他和手下耐心地等待曙色来临。

玫瑰色的黎明到来，围栏里的母羊尚待挤奶，咩咩地叫唤，而公羊则从洞中奔出，去往山坡和青草地。每只羊从波吕斐摩斯身边经过时，他都伸手抚摸它的背，却万万想不到厚厚的羊毛下面藏着奥德修斯剩下的六名手下。奥德修斯抓住的那只年轻公羊最后一个通过，它的羊毛很厚密，又负载了更重的奥德修斯，因此走得极为缓慢。波吕斐摩斯把他的大手放在公羊背上。“心爱的公羊啊，”他说，“从前你总是领着羊群，头一个从山洞里出来，头一个啃食牧场上的嫩草，头一个找到汩汩的清泉，夜晚来临时也是你领头回到洞中。但今天你走在最后。你一定是在为我悲伤，因为那邪恶的无人刺瞎了我的眼睛。我真希望你能开口说话，那样你就能告诉我无人的藏身之处。我会一把抓住他，在洞穴的地上摔得粉碎，方解心头之恨。”

他说话时，奥德修斯一动不动，公羊缓缓踱过那野蛮的巨人身边，朝着海边的草地走去。很快，奥德修斯离洞穴已有相当一段距离，他松开手站起来，又立刻解开其他人的绑缚，一起飞快地将公羊赶往他们泊船的海岸。他们频频回首张望，还以为会看到波吕斐摩斯在后面追赶，却平安无事，直到回到海船旁。伙伴们热切地欢迎他们归来，为他们的生还欢欣不已，但想到那些惨遭巨人杀害的同伴，又不免想为他们哀哭。

“眼下没时间哭哭啼啼。”奥德修斯一边说，一边让手下赶着羊群火速登船。

很快他们全部上船坐定，用船桨划开灰色的海面，开始驶离独眼巨人之地。

眼看陆地即将从视线中消失，生性勇敢的奥德修斯亮开嗓门，隔着水面大声呼喊：

“听着，波吕斐摩斯，你这个残忍的怪物！你的恶行必会为你招来灾祸。你已经遭到报应，因为你毫无廉耻，竟然吞食前来做客的外乡人！”

奥德修斯的声音穿过海浪，传到了波吕斐摩斯耳中，他正坐在洞口痛苦不已。

那巨人怒火中烧，一跃而起，将一座大山的顶峰折断，投入海中，正落在奥德修斯的船前。

巨石溅起了冲天的水花，海水剧烈翻涌，回流的浪将船恰好冲回了岸边。

奥德修斯抓起一根长杆，再次将船划离水边。他无声地示意同伴用力划桨，和海船一起从愤怒的巨人手中逃脱。

当他们再次划离岸边一段距离，奥德修斯又想开口挖苦波吕斐摩斯。但他的手下哀求他，不要激怒一头如此强大的怪物，毕竟他可以扔来一块石头将他们的脑袋和船板砸得粉碎。

但奥德修斯又一次朝着对面大喊：

“波吕斐摩斯，如果有人问你是谁刺瞎了你的眼睛，请告诉他们是奥德修斯，他来自伊萨卡。”

那巨人听完悲叹道：

“很久以前，一位先知曾告诉我，奥德修斯会刺瞎我的双眼。但是我一直以为那人会是一个高大魁梧、勇气过人的英雄，却不想如今来的是一个孱弱无能、身形瘦小的侏儒，不用酒把我灌醉，都不敢对我下手。”

他又好言恳求奥德修斯回去，说会善待他，还告诉他，他知道海神，他的亲生父亲，一定会令他重见光明。

“你不会重见光明了。”奥德修斯嘲笑道，“你的父亲永远无法治愈你。”

波吕斐摩斯伸出他的双手，以失明的眼向星空仰望，大声呼唤海神波塞冬，要他对奥德修斯施以惩罚。

“即便他最终能抵达自己的故乡，”他喊道，“也要让那日子遥遥无期，让他历尽劫难，死尽同伴，乘坐他人的海船，到家后也悲苦不断。”

海神波塞冬没有回答，但他听到了儿子的祈求。

波吕斐摩斯用尽全身的力量，向船投来一块巨石，远比刚才那块要大。它偏了一点，没能击中船舵的末端，却掀起了冲天的巨浪，推动船驶向了远方的海岸。

没过多久，他们再度出发，用船桨拍打着灰色的海面。

他们为失去六名同伴心痛不已，但同时也很庆幸自己逃过了一死。

然而，即便奥德修斯足智多谋，他也未曾料到海神波塞冬的报复将一直尾随他，让他在接下来的十年中，历经悲苦，身心俱疲。

第3章

奥德修斯降服喀耳刻

奥德修斯和手下在灰色的海面上航行，直到将独眼巨人之地远远甩在身后。

不日，他们来到了一座漂浮在海面上的小岛。岛周围环绕着青铜墙，绝壁从水中高高竖起。

这里是风神埃俄洛斯的领地。奥德修斯的船队停泊在此一个月，他和手下与埃俄洛斯和他的儿女一同宴饮，受到贵宾般的款待。当奥德修斯表明自己必须再次踏上归程时，风神给了他一份临别赠礼。这份礼物是一个大皮袋，风神将他掌管的所有风都放在里面，只有西风除外。他用一条银色的带子牢牢地系好袋口，放在奥德修斯那艘船的船舱里。然后他令西风轻吹，将船安全地送回伊萨卡。

九天九夜，他们在柔和的西风的引领下顺利航行，终

于，伊萨卡的山丘和树林已在目力可及之处，他们眼见人们正照看火堆，将野兽驱离羊群。

家已近在咫尺，奥德修斯觉得自己不必再不眠不休，亲自操纵风帆、掌管航向。他已筋疲力尽，浓浓的睡意让他睁不开眼，他令一个同伴替他掌帆后，便沉沉地进入了梦乡。

他一睡着，手下纷纷抱怨起来。“奥德修斯满载着金银财宝回家，”他们说，“他从特洛伊掳获各种财物。而我们同样为希腊而战，却两手空空。现在风神又送给他一份厚礼。那皮袋里肯定装满了黄金白银。”

他们说着说着，不由得生出贪念，竟做起贼来。他们从船舱里拿出那皮袋，想当然地以为里面藏着宝贝，准备偷走。

他们迅速解开银色的带子，只见一股强大的气流袭来，所有的风都涌了出来，一股狂飙横扫海浪，肆意推搡着船。

奥德修斯的手下眼睁睁看着家园逐渐消失，变成狂风扫过的大海上的一个蓝色小点，不禁为自己的愚蠢而哭泣。哭声和暴风的咆哮声惊醒了奥德修斯。等他知道了发生的一切，不由得灰心绝望，恨不得跳进大海了结性命。但很快他又找回了勇气，当暴风雨将船逼向那座青铜墙环绕的浮岛时，他让手下上岸取来淡水，吃饱喝足。待他自己也吃过面包、喝过酒，便来到了风神的宫殿。他发现风神正在与妻子儿女一道宴饮。

风神看到他，十分惊讶，问道:“奥德修斯，你为何又回来？你是遇上了什么灾祸，不能平安航行吗？毫无疑问，我已经给了你一切帮助，好让你稳稳当当地抵达自己的故乡，不是吗？”

奥德修斯回答说:“都是我自己的手下人作恶，我才落到这步田地。他们趁我睡觉的时候，把风放了出来。”

他恳求风神伸出援手，让他再度安全返航。但是风神不再理会他。

“出去！”他愤怒地叫道，“你一定是个非常邪恶之人，否则不会遭遇这样的厄运。我不能帮你。快离开这里！”

奥德修斯和他的手下心情比登陆时更加悲伤和沉重，他们再次登船，离开了小岛。猛烈的逆风迎面袭来，他们挥动着又长又沉的桨，没过多久，就极度困乏，无比绝望。

他们苦苦划行了六个昼夜。第七天，他们到达了一座巨人居住的岛。谢天谢地，勇士们劳顿数日之后，面前出现了一个美丽的海港。它的入口很窄，两边都是陡峭的悬崖，但是港湾里的水像池水一样平静，翻不起一点浪花。船队全体驶入了这个避风港，只有奥德修斯的船除外。他将船泊在港口外，将锚链系在一块岩石上。然后，他和几名手下爬上一面峭壁以俯瞰整座岛。岛上不见劳作的人，也不见耕地的牛，却有炊烟从树间袅袅升起。

奥德修斯派他的三名手下到内陆去查看那里住着什么样的人。有一条路被常年载着木料下山进城的车轧得十分平整，他们沿着这条路向前，不久就来到了炊烟升起的城市附近。就在城外，他们遇见一名少女正从清泉汲水。他们上前询问，她便告诉他们自己是一位公主，岛上国王的女儿，随即带着他们前往她父亲的宫邸。

他们被那少女引进宫邸后，看到了岛上的王后。她魁梧肥胖，像山峰般壮硕。那可憎的面目令他们心生恐惧和厌恶。

她一看到这三个男人，就叫来她的丈夫。他旋即冲进来，抓住一个人，像一头饿狮那样把他连皮带骨吞下去了。另外两个人逃到了船上，但那食人的巨人发出了震天的战吼，其他巨人闻声都从四面赶来。他们奔向悬崖边，掰下巨大的石块，向船扔去。船纷纷没入水下，像蛋壳一样破碎开来，空中回响着木材的开裂声和垂死之人的哭喊。巨人们像叉鱼一样挑起浮在海港水面上的人，带回家吞食。

之前看起来风平浪静的避风港，此时眼前一片血腥，耳边哀嚎声不断。奥德修斯拔出他锋利的佩剑，砍断他船上的缆绳，命令伙伴用最大的力气划桨。他们齐心协力，急速划水，船冲下了岛上巨大黑暗的悬崖，逃到了开阔的海面上。但仅有奥德修斯那艘船幸免于难，其他船全在海港里覆没。

奥德修斯和手下为死去的伙伴发自内心地悲伤，但也为自己死里逃生而感到庆幸。

不久，他们又抵达了另一座海岛。那是法力强大的女巫、金发的喀耳刻的住地。

奥德修斯的船驶入了港湾，他和手下上了岸。他们困乏不堪，愁苦万分，在海边躺了两天两夜。

第三天黎明时分，奥德修斯手执长矛，腰佩利剑，爬上了海港上方一座陡峭小山的山顶。他从那里眺望，只见青烟在葱郁的树林上方袅袅升起，那正是喀耳刻的宫邸矗立的地方。他折返回去，打算将所见之事告诉他的手下。正从山顶走下小路时，林间的草地上走来一头高大的雄鹿，前往河边饮水。奥德修斯看准了它，趁它从河中走出的一瞬，出手掷出长矛，将其一击毙命。

接着，他用柔韧的柳条编成一根绳索，将这头巨兽缚在背上。他一路负重，直把雄鹿背回船上的伙伴面前，他们已被悲伤和疲倦压垮，横七竖八地躺在海边。

“振作起来，我的朋友们，”奥德修斯说道，“我们还死不了。看看我找来的食物，我们吃喝吧。”

人们打起精神，对着奥德修斯扔在沙滩上的那头气派的雄鹿仔细观看，又惊又喜。他们拾掇鹿肉以作餐肴，整整一天都在大快朵颐，又畅饮船上的甜酒。待夜幕降临，他们躺在海边睡下，酣然入梦，直到玫瑰色的黎明来临。

奥德修斯一醒来，便对他的手下说："听我说，朋友们。我们难以分辨太阳从哪里升起，又在何处落下，而我对这片土地的全部了解，仅限于我昨天爬上山后所见的景象。这岛四周环绕着无垠的大海，中间是一片茂密的树林，我目睹青烟从中升腾而起。所以，我们四周，只有大海和天空，还有一片陌生的土地。"

人们听到奥德修斯的话，不禁放声大哭，他们之前所经历的惨剧，已然让他们的勇气荡然无存。

但奥德修斯的勇气丝毫没有减少。他把手下分成两队。一队自己指挥，另一队交予他的亲戚欧律洛科斯掌管。然后，他们拈阄，决定哪支队伍到岛上探险。欧律洛科斯中了阄，于是他带着二十二名伙伴出发了。

欧律洛科斯在密林深处找到了喀耳刻的宫邸，它由磨光的石料建造。殿前有一大片开阔的空地，被喀耳刻施了法术的狼和狮子在空地上踱步。

这些野兽对欧律洛科斯和他的手下百般讨好，如同主人归来时忙着献媚的家犬，摇着长长的尾巴扑到他们身上。他们站在宫邸的外门那里，被这些怪异而骇人的东西吓坏了。随后，宫邸内传来一个悦耳的声音，唱着一支极为甜美的曲子，让人们心神荡漾。那是喀耳刻在歌唱，她一边唱一边织一张美妙绝伦的网。

奥德修斯最宠爱的一名手下开口对其他人说：“里面那个织网的女人，歌声太美妙了，我们不妨大声呼喊她。”

于是他们便放声呼唤，喀耳刻应声走出，打开辉煌的宫门，用绝美的容颜将他们迷住，又温和地吩咐他们进去。他们毫无戒备地跟进去，只有欧律洛科斯除外，他对那巨人美丽的女儿记忆犹新，担心这女人也会使诈。

她领他们进入她的殿堂，让他们坐在高座上，又递上奶酪、大麦、香气四溢又黄澄澄的蜂蜜，还有浓醇的酒。但她在这些酒食里都掺进了害人的药物，让他们吃喝完毕便将自己的故乡忘到九霄云外。随后，她用自己的魔杖击打他们，顷刻之间，他们就都变成猪的样子。他们都生出了四只蹄子、粗硬的鬃毛和长长的鼻子，但那丑陋的身体里仍是人的心智。喀耳刻把他们关在猪圈里，扔给他们橡实和其他只有猪能吃的食物。

欧律洛科斯在宫邸门外胆战心惊地等待许久，却不见同伴回来，于是又折返回船上。

起初，他悲痛欲绝，一句话也说不出来，无法复述经历的一切。过了很久，他才终于讲出同伴遭遇的灾难。奥德修斯听说他的手下进入了宫邸，却一去不复返，便将镶银的大青铜剑扛到肩上，又挎起弯弓，吩咐欧律洛科斯沿着原路带他过去。

但是，欧律洛科斯双手抱住膝头，惊惧万分地向他哀告，要他让自己留在原地等待。

“我知道你自己定会一去不返，”他说，“更别想带回任何一名同伴。”

“那你就留在船边好了，尽情吃喝，”奥德修斯轻蔑地说，“至于我，自当前往。”

他独自一人从海边上山，穿过葱绿的密林，来到那被施了魔法的宫邸。

离宫邸不远处，一名手执金色魔杖的俊朗少年迎了上来。他是赫耳墨斯，众神的使者。

他握住奥德修斯的手，轻声告诉他喀耳刻如何对他的手下施了魔法，将他们变成了猪，而喀耳刻也将以同样的方式对待他。她会给他送上掺有害人药物的食物，等他吃完，再用魔杖打他，把他关进猪圈。

“不过，我会救你，”赫耳墨斯说，“不会让喀耳刻加害于你。”

于是他给了奥德修斯一株奇怪的植物，它的根部是黑色的，开出的花却白如鲜奶。他说这草名为莫利，很难掘出，肉眼凡胎者几乎挖不到它。他告诉奥德修斯，只要他随身携带莫利，喀耳刻就无法迷惑他。

“一旦喀耳刻用她的长魔杖攻击你，”他说，“你便拔出你锋利的佩剑，向她扑去，做出要杀死她的架势。这样她便会慑于你的威力，善待你。只是你必须让她立誓不再加害于你。”

言罢，手执金色魔杖的赫耳墨斯穿过树林消失了，奥德修斯继续赶往喀耳刻的宫邸。

他站在宫邸的门口大声呼喊。很快，辉煌的宫门打开了，美丽而邪恶的喀耳刻走了出来，虚伪却动人的脸旁披散着金发，她将奥德修斯领了进去。

她让他坐在镶着银饰的雕花椅上，给他端来一只金色酒杯，里面盛满了她下过药的酒。

他一喝完，她便一边用魔杖敲打他，一边道：“进猪圈去，和你的同伴躺在一起吧。”

听了这话，奥德修斯按赫耳墨斯吩咐的那样，拔出利剑，向喀耳刻猛扑过去，仿佛要杀死她。

喀耳刻尖叫一声，滑倒在地上，抱住了奥德修斯的双膝。

“你喝了这药酒，竟没有像其他人一样中咒，一定是位了不起的英雄，”她喊道，“真的，你一定是执金杖的赫耳墨斯常对我提起的奥德修斯。他说你会乘着快船，从特洛伊来到此地。奥德修斯，请将剑收回你的剑鞘，我们握手言和吧。”

奥德修斯说：“喀耳刻，你用邪恶的魔法把我的同伴都变成了猪，叫我怎么能和你握手言和呢？我要如何才能相信你呢？”

喀耳刻郑重起誓，不会伤害奥德修斯，还要让他安全返家。

她的侍者迅速在地板上铺好精美的亚麻织物，在座椅上垫上深紫色的坐垫，又在椅子旁摆上银餐桌，放上金餐盘，里面盛满诱人的肴馔，继而端上银碗和金杯，朝里面倒满甜蜜的酒水。饭后，又用热水伺候奥德修斯沐浴，待他浴毕，又拿来漂亮的罩袍和外衣。喀耳刻让他坐在镶银的华美椅子上，还在他脚边放上一只脚凳。侍女提来金水罐，将水倒在银盆里让他洗手，又端上各色佳肴。但是奥德修斯无心享用。他满心忧虑，想起此刻还像猪一样被关在圈里的伙伴，心生悲戚。

“奥德修斯，你为何闷闷不乐、一言不发？”喀耳刻问道，“你为何不思饮食？你怕我欺骗你，谋害你吗？不，你没有理由害怕，因为我已立誓不会伤害你。”

奥德修斯回答说：“还未解救我亲爱的朋友们，我怎能无忧无虑、吃喝玩乐？如果你愿意释放他们，我才相信你会真正信守诺言。”

听他言毕，喀耳刻立即穿过大厅，来到那囚禁着被施了魔法者的猪圈旁。她打开圈门，挥动魔杖，待每头猪出来时，以一种魔药点触他们。只见他们身上的鬃毛褪去，猪身和猪脸也都消失不见了，一个个又变回人形，且看上去比从前更加英俊健壮。

他们看到了奥德修斯，连忙跑到他身边，紧握住他的手，喜极而泣。就连喀耳刻那颗刚硬的心也因他们的喜悦而融化，她留下动情的眼泪。

然后喀耳刻又请奥德修斯返回海边，将其余的手下带上来一同宴饮。奥德修斯下到船边，发现伙伴们正伤心欲绝，担心再也见不到他。他们深爱着奥德修斯，一见他安然无恙，便欢天喜地，就如同自己已经安全抵达了故乡一般。奥德修斯吩咐他们把船靠岸，把货物藏进海洞，然后到喀耳刻的宫邸里享用盛宴，他们欣然服从。只有欧律洛科斯一个人不愿前往，还试图阻拦同伴们。“我们这些可怜的人！”他喊道，“奥德修斯总是有勇无谋，一直把我们引向险象环生之地。之前就是他将我们置于独眼巨人的魔爪下，现在他又把我们领到喀耳刻那里去，那女巫一定会把我们都变作猪、狼或狮子，守卫她的宫邸。”

奥德修斯听了这话，怒不可遏，伸手就去抽自己的佩剑，恨不得砍下欧律洛科斯的头，其他同伴却为他求情。

“不如把欧律洛科斯留在这里看守船，”他们说，“带我们去喀耳刻的宫邸吧。”

欧律洛科斯羞愧难当，也没有留在船边，而是和其他人一同前往。等他们到达喀耳刻的宫邸，她便为这群又累又饿的人送上热水浴和精美衣衫，又准备了美味珍馐。

奥德修斯看到手下平安无事、身心愉悦，自己也十分欣慰，便尽情享用喀耳刻为他准备的佳肴。

整整一年，奥德修斯和他的手下逗留在喀耳刻的宫邸中，终日宴饮玩乐。一年的时间转瞬即逝，夏季的白昼重新变长，奥德修斯的手下来到他面前，劝谏道：

“该想想我们自己的家，还有我们亲爱的故土了。时间不等人，难道我们要永远留在这里吗？”

那天晚上，奥德修斯对喀耳刻说道：“喀耳刻，你答应过让我回到自己的祖国。我和手下心中无比思念家乡，渴望再次见到我们的乡土。你肯放我们走吗？”喀耳刻说：“奥德修斯，既然留在我的家里有违你的意愿，那我便不再留你。”

接下来的几天，喀耳刻告诉了奥德修斯他在归途中会遇到哪些危险，并教给他逃离这些危险的良策，之后奥德修斯向女巫道别。

“如果你或你的手下违背了我的警告，行了不该行之事，”她说，“你的船和你的手下都将死无葬身之地。而你，奥德修斯，即便得以幸免，也会死尽所有同伴，回到伊萨卡的日子也将遥遥无期。”

黎明降临，给这座被施了法术的岛上的树梢镀上了一层金色，奥德修斯和他的手下登船出发了。他们将木桨深深插入灰色的海水中，用力划动，但很快就停了下来，只因喀耳刻吹来了一阵顺风，鼓满了风帆，送奥德修斯安全返航。船在水面上飞快航行，就像一只穿梭于波浪中的海鸟。金发的喀耳刻则从岸边上来，穿过葱茏的树林，回到被她施了法术的宫邸。看着他们远去，她不由得悲从中来，或许是在为自己曾做过的恶事而悼悔不已。

第4章

奥德修斯逃离塞壬岛

返航途中，奥德修斯的船必经蓝色大海中的一座岛，那里住着一些美艳的人鱼，叫作塞壬。

然而，比塞壬们的容貌更美的是她们的声音。

她们坐在海岛那鲜花盛开的草地上，唱着动听的歌曲；但凡有船只经过，水手们都忍不住要上岸，结果便被那邪恶的人鱼夺去性命。塞壬们所坐的草地上，周围布满死人的白骨。但是愚蠢的水手们视而不见，眼里只有鲜艳的花朵，以及人鱼漂亮的脸蛋和金色的长发。歌曲的美妙旋律与拍打着金色沙滩的细浪声交融在一起，勾走了他们的魂魄。

喀耳刻曾警告奥德修斯，对这些人鱼要严加提防，他也一字一句地传达给他的手下。

一股顺风推送着奥德修斯的船全速前进，但是当他们靠近塞壬的岛时，塞壬们发出了咒语，空气变得一片死寂，海浪也沉沉睡去。没有一丝风吹到白帆上，水手们只好把帆放下，收进船舱里，继而荡开长桨，在绿色的海面上划出雪白的浪花。

与此同时，奥德修斯按照喀耳刻的吩咐，拿起一大块蜡，用他的利剑切成小块，又用他有力的双手迅速压揉。

很快，蜡块受热变软，他便用蜡封住所有手下人的耳朵。他自己不用蜡，却让伙伴将他绑在桅杆上。

奥德修斯说："如果我听到人鱼的声音时，要挣开绳索，并示意你们给我松绑，就把我捆得更紧些。"

"驾着你们的船尽快驶离这座海岛。"之前喀耳刻这样吩咐过，因此水手们弯腰用力划桨，在灰色的海面上搅起层层波浪。

船驶过了海岛，但塞壬们看到了他们，开始唱起美妙的歌曲。"过来，快过来，勇敢的奥德修斯，"她们唱道，"停下你的船，听了我们的歌声再走。但凡从这里经过的人，从来没有哪个驾船径直离去，都要停下聆听我们唇间飞出的蜜一般甜的歌声，带着满心的喜悦再踏上旅程，成为更有见识的人。世上的事我们无所不知。我们将以歌曲，称颂你在特洛伊的伟大战斗和辉煌胜利。我们也会歌唱未来将要发生的一切。过来，快过来，奥德修斯！"

她们的声音无比动听，充满魔力，奥德修斯耳边听着那歌声，眼见她们在鲜花丛中微笑着向他招手，便示意手下给他松绑。

他紧皱双眉，猛力点头，示意手下解开绳索，但欧律洛科斯和另一个人站起来，将他更紧地捆绑在桅杆上。那些被蜡封住耳朵的人，一句歌也没有听到，不想停下，而是坚定地向前划行。

当岛被远远抛在身后，奥德修斯再也听不到那美妙的歌喉，只有远处海浪的呜咽和船桨拍打水流的声音，水手们才从耳朵上取下蜡块，并解开绑缚在他们船长身上的绳索。

不久，他们就听到了另一种声音，与塞壬之歌有着天壤之别。

“你将经过流浪岩，”喀耳刻曾经告诫过，“那里狂暴滔天的海浪直冲上嶙峋的峭壁。连野鸟也要被那骇浪所击落，休想飞过岩礁。岩礁旁有一个湍急的漩涡，不停颠簸翻搅着船板和在此葬身者的尸体。”

奥德修斯耳听着大海的轰鸣声，眼看着咆哮的波涛气势汹汹地拍打岩石，溅起飞沫直冲天际，他知道他们已经来到了流浪岩。

面前的景象和耳边的声音如此可怕，水手们的船桨不觉从手中滑落。他们惊恐地注视着冲天的骇浪，聆听着可怕的巨响。

但奥德修斯一边在船上来回踱步，一边以言语激励他们。

“比起被关在食人巨怪的山洞里时所承受的痛苦，这不算什么，”他说，“既然我们从那个山洞里逃了出来，我想将来有一天也可以笑谈这次冒险。现在就按我说的做。桨手们，将你们的桨深深地、有力地插入汹涌的海浪，用尽全力向前划。掌舵人，切记要让船远离巨浪和飞沫，尽可能贴近石壁，这样即便面临如此的险象，我们也能逃脱。”

但是流浪岩并不是这艘船所面临的唯一危险。在它们旁边还有两块巨大的岩礁，海水从中间咆哮而过。

其中一座是漆黑可怖的山峰，直冲云霄。即使在最晴朗的夏天，它的上方也笼罩着一片乌云。没有凡人能爬上峰顶，即使他有二十只手脚也不行，因为崖壁光滑如镜。悬崖上有一个黑暗的洞穴，里面住着一头叫作斯库拉的可怕海怪，日日夜夜都如野狗般狂吠不止。她有十二只脚和六个脑袋，每个脑袋上长着三排锋利的牙齿。她腰部以下的身体藏在黑暗的洞穴中，长脖子上的六个脑袋则像巨大的猛禽一样，不断地伸出来探视周围，伺机发起袭击，将她地盘上的海豚、海狗和大鱼一网打尽。每当船只经过斯库拉的洞穴附近，她便饱餐一顿，因为她会用每个头抓住一名水手，用她可怖的牙齿咬碎。

这座悬崖的对面是另一块岩礁，上面长着一棵树干高大、枝繁叶茂的无花果树。岩壁下住着另一头怪物卡律布狄斯。那怪物一天三次猛吸入咸涩的海水，又一天三次从她海底的黑色洞穴里将海水喷出。如果有船在那怪物吸水时经过，就会被拖入她栖居的可怕深渊，只剩下残骸被抛入翻滚的海浪中。

奥德修斯之前只对他的手下提到流浪岩，却不敢告诉他们斯库拉和卡律布狄斯，以免他们出于惊惧躲进船舱不肯划船。

当喀耳刻警告奥德修斯他航行中会遇到的危险时，他问她有无逃离斯库拉和卡律布狄斯的良策。

“斯库拉有着不死之身，”喀耳刻说道，“你不可与之作战，也无法防御她。不要浪费时间穿上盔甲去和她战斗。你应当奋力从她身边驶过。”但是，当滔天怒浪的咆哮和斯库拉可怖的吼叫传入奥德修斯的耳中，他便把喀耳刻的警告丢到了脑后。他胸中满是对斯库拉的憎恨，巴不得将她杀掉，便飞速穿上自己闪亮的盔甲，拿起两杆长矛，准备与那岩怪决一死战。

他凝视着漆黑的洞穴，以为会看到她可怕的脑袋冲出来，可是什么也没看到，而双眼却疲惫不堪了。最终，他转过身去，凝视着卡律布狄斯所在的黑色漩涡。

水手们虽然手中仍稳稳地划着船，却已被眼前的景象吓得脸色惨白。卡律布狄斯吞下海水，又抛出旋动的浪花和飞沫，溅落在悬崖的顶上。他们安全地划过了流浪岩，几乎快要驶过斯库拉的黑色悬崖，绕过那湍急的漩涡时，那怪物的六个脑袋从漆黑的洞中猛地俯冲下来。片刻之间，六个人被抓住、高高地举到空中，在斯库拉贪婪的口中一面挣扎，一面悲惨地向奥德修斯呼救。

但奥德修斯无能为力。怪物吃饱了，奥德修斯永远记得他的六名勇士死去的情景，这是他见过的最令人可怜的事情。

最后，礁石被抛在身后，船来到了一座美丽的小岛，那里放牧着太阳神的神牛。

“不要伤害那座美丽小岛上的牛，”喀耳刻说，“如果你们伤害了它们，你的船和你的人都会遭殃。即使你自己逃过一劫，你回家时也会陷入困境，失去所有的同伴。”

当船驶近美丽的小岛时，牛群的叫声让奥德修斯想起可能到来的灾难，他恳求手下划过小岛。

这时，欧律洛科斯说话了。“奥德修斯，你真是铁打的，四肢永不疲倦，”他说，“你的手下已经筋疲力尽，你却不让他们上岸，不让他们去准备丰盛的晚餐，而是驱赶他们继续前进。你让我们在黑夜中盲目地划船，在迷雾重重的深海上漂泊。夜里，风会摧毁船。如果突然刮起狂风，我们这些疲惫不堪的人该如何逃生？我们还是在这里歇脚吃晚饭吧。待到晨光熹微，我们再出发，划船渡海回家。”

疲惫的手下欣然同意了欧律洛科斯的意见。

奥德修斯说：

“接下来，快发誓，任何人都不能宰杀太阳神的任何一头神牛，好好地吃我们自己船上的食物便罢。”

他们立即遵命起誓，把船泊进一个小小的港湾，邻近一泓甜净的淡水。很快他们便在岸上备好了晚餐。

夜幕降临，他们不免谈论起那已被斯库拉吞噬的亲爱的伙伴，为失去他们而悲泣，直到进入梦乡。

整夜狂风大作，暴雨不止，但黎明破晓时分，天空又重现明媚晴朗。待清晨来临，他们把船拖上岸，藏在一个空的岩洞里。

强劲的南风刮了整整一天，又接着刮了一个月，不见停息。

风势过于猛烈，他们不敢冒险出航。

起初，水手们食物充足，倒也怡然自得。但眼见食物告罄，空空的肚皮折磨着他们，他们只得想办法捕鱼，并在岛上四处游荡，寻觅飞禽。

一天，所有人都饥饿难耐，奥德修斯把手下留在海边，独自来到海岛中央，思虑应对的办法和返程的良策。

但他又饿又累，想着想着便沉沉睡去。在他睡着的时候，一向爱搞破坏的欧律洛科斯又开始捣乱了。

“我们就这样饿死吗？”他对其他人说，“而明明美餐就在近旁，唾手可得？我们不如宰杀几头最肥美的直角神牛。等回到家乡伊萨卡，再为太阳神建造一座华美的祭坛，献给他丰富的祭品。就算他因我们杀了他的牛而勃然大怒，击沉我们的船，夺走我们的性命，那也比我们日复一日挨饿，最后葬身于这座荒岛要好得多。”

水手们听了欧律洛科斯的话，依言行事，宰杀了正在附近吃草的神牛中最肥美的几头。很快，它们的肉块就被串起，放在生好的火堆上炙烤。

就在他们大快朵颐的时候，奥德修斯醒了过来，飞跑来到岸边。当他就近时，一股烤肉的香味扑面而来，他发出惊恐的悲鸣。

他挨个斥责手下，但为时已晚。牛已死去，他们的罪恶已无法弥补。

水手们已对自己的所作所为后悔不迭，因为出现了怪异而可怖的景象。死牛的皮在蠕动，叉上炙烤的肉发出吼叫声，空中牛的哞哞声此起彼伏。

但水手们还是硬着心肠，连续六天大快朵颐。第七天，狂风终于停止了，奥德修斯和他的手下登上船，扬起白色的风帆，很快将小岛甩在了身后很远的地方。

当他们已看不见陆地，视线中只剩天空和大海时，船的上空忽然出现一片乌云，船下的海面也变得一片黑暗。

随即，空中忽然响起尖锐的呼啸声，一场狂风暴雨向他们袭来。桅杆被迅疾的风暴拦腰折断，倒向舵手，将他的头颅砸得粉碎，整个人如潜水者一样直坠入海中。

这时，又有一道闪电击中了船身，火焰四起，空气中弥漫着硫黄的味道，船身向一侧翻倒。水手们从船上坠入海中，有那么一刻，奥德修斯看到他们像海鸥一样被船周围的巨浪高高抛到空中，然后便没入海中，自此再不见踪影。

奥德修斯仍在他的船上紧张地走动，直到暴风雨和惊涛骇浪将船身彻底撕碎。他将龙骨和桅杆绑在一起，坐在上面，任由狂暴的风驱赶着他四处漂荡。

整夜，他都被风暴任意推搡。太阳升起时，他发现风浪已将他赶到斯库拉和卡律布狄斯附近。

卡律布狄斯正在吸食海水，形成的黑色漩涡即将吞噬他。但奥德修斯紧紧抓住船板的残骸，在即将坠入深渊的一瞬猛地一跃，抓住了生长在悬崖上的那棵无花果树。他像蝙蝠一样紧紧抓住它，直到卡律布狄斯吐出那根断了的桅杆。

在桅杆出现的那一刻，奥德修斯跳进它附近的海中。他爬上桅杆，用手当作船桨，用力划动海水。幸而斯库拉不在近旁，否则他必死无疑，但他最终逃脱了斯库拉和卡律布狄斯的魔爪。

他在海浪中颠簸漂流了九天九夜。第九天晚上，桅杆载着他漂到一座海岛的岸边。奄奄一息的奥德修斯爬上了干燥的陆地。

第5章

奥德修斯告别卡吕普索

结着发辫的卡吕普索是一位令所有凡人望而生畏的女神。沉船后第九个黑夜，奥德修斯紧抓着船板残骸漂流到的小岛，正是她的地界。

在夜间，这是一座黑漆漆、阴惨惨的岛，但很快曙光来临，奥德修斯感觉自己重新焕发了生机和活力，也发现这小岛是一个美丽的所在。

阳光下，阴霾笼罩、残酷无情的大海变得一片蓝紫，绿茵上开着茂盛的紫罗兰，也如大海般明亮。他从海边向内陆走去，来到一个巨大的洞穴前，洞里坐着结着发辫的美丽女神卡吕普索。

洞中的炉灶里燃烧着熊熊火焰，侧柏和檀木的香味弥漫了整座岛。卡吕普索身穿闪亮的长袍，腰系金色的裙

带，正边唱曲子边用金梭织布。洞穴周围生长着赤杨、白杨和香气四溢的柏树，栖息着猫头鹰、隼、叽叽喳喳的海鸦，以及翅膀很长、羽毛雪白的海鸟。洞穴的岩壁上爬满硕果累累的葡萄藤，旁边还有四条嬉逐欢闹的清澈溪流。

奥德修斯曾听说卡吕普索是令所有凡人畏惧的女神，但他很快发现自己不需要怕她别的什么，只怕她会把他永远留在岛上。她以柔情蜜意照料他，直到他的疲倦和虚弱荡然无存，他变得和以前一样健壮。

就这样，奥德修斯在这片遍布紫罗兰与野芹的芳草地上住下来，迷人的卡吕普索可以满足他的一切愿望，但奥德修斯惆怅不已，心事重重。

“只要和我在一起，你就将容颜永驻，长生不死。”卡吕普索说。

但是，奥德修斯感到心碎，因为强烈的思乡之情折磨着他。他宁愿再瞥一眼大海对岸他那多山的小王国，然后死去，也不愿在这个景色宜人、鲜花簇拥的岛上长生不老。

日复一日，他走到海岸边，望眼欲穿地凝视着对面。但是八年过去了，离开此地的日子似乎仍遥遥无期。

然而，奥德修斯还不知道，他漂泊的日子即将结束。

给奥德修斯制造了重重艰难险阻的是海神波塞冬，因为奥德修斯弄瞎了他的儿子，邪恶的食人巨人。

灰眼睛的女神雅典娜一直是奥德修斯的朋友，并助他踏上返家的旅程。她看到奥德修斯每天坐在大海边，凝视着海水泪流满面，心中充满了怜悯。她也知道在奥德修斯远走他乡时，他的妻子和儿子在伊萨卡麻烦不断。最后她去找众神，请求他们施以援手，助她将奥德修斯安全地送回他的王国。

波塞冬此时已往远方游历。众神得知奥德修斯历经九死一生，心中痛苦煎熬，只想再次看到伊萨卡树林上空升起的青色炊烟，不由得对他心生同情。

众神唤来他们捷足的使者，执金杖的赫耳墨斯。赫耳墨斯脚上系着他那双永不褪色的金鞋，令他无论是苍茫的大海还是干实的陆地，都能安然而过，步履如飞。他手里的金杖则可以给人催眠。赫耳墨斯在浪间疾行，犹如一只海鸟搏击层层波涛，捕捉游鱼，白色羽翼上沾满了翻腾的浪花。

他到达了卡吕普索的岛，穿过紫罗兰遍布的绿茵来到了洞穴。但是奥德修斯不在那里。他坐在布满岩石的岸边，对着无垠的大海望眼欲穿，热泪顺着脸颊滚滚下落，融入沙土里。卡吕普索则正在洞中边用她的金梭织布，边唱一支甜美的曲子。她给赫耳墨斯端来美酒佳肴。酒足饭饱后，他把众神的信息告诉了她。

卡吕普索听到众神命令她让奥德修斯平安回家时，伤心不已。

“你们这些神，心中只有冷酷和嫉妒，”她说，“想当初，奥德修斯紧紧抱着一块船板在海中漂流至此，是我救下了他，将他平安地带到我的岛上。自此，我便对他关怀备至，一往情深，现在你却要将他夺走。可又指望我如何送他走呢？我没有船或人手可以送他回伊萨卡。”

“你不送他走，就会惹怒所有的神，”赫耳墨斯说，“他们会对你严加惩罚。”

随即，赫耳墨斯步履如飞，穿过开满紫罗兰的草地、越过蓝紫色的大海离去，卡吕普索则来到奥德修斯所坐的海岸边。

“别再哭泣了，可怜的人，”她说，“现在，我会想尽办法送你回家。起来，去砍一些长的树干，拿起你的斧头，做一个宽木筏，在上面铺上木板，充作甲板。我会给你装上食物、水以及一应穿戴，并吹起顺风，使你可以安全地回到你自己的故土。因为这是众神的旨意。他们的力量远非我可抗衡。”

“您别是在捉弄我吧，”奥德修斯说，“让我乘着那小小木筏渡过凶险浩瀚的海洋。除非您起誓，没有要暗中加害于我，不然我是不会登上那木筏的。”

卡吕普索露出微笑，将手轻搭在他的肩上。

“我发誓，”她说，“我正为你设身处地地谋划。我的心并非铁铸，奥德修斯，而是和你一样仁爱有加。”

她随即给了奥德修斯一把硕大的双刃青铜斧头，上面装有坚固的橄榄木斧柄，另给他一把打磨锋利的手斧。她带领奥德修斯来到海岛的边缘，那里到处是参天的赤杨、白杨和松树。她向他指明生长着高大树木的地方，就返回了自己的洞府。

奥德修斯满心欢喜，立即投入到劳作中。他很快就用铜斧砍倒了二十棵大树，并将它们削光，再娴熟地修平。这一切完成后，卡吕普索又给他送来了其他工具，以及螺栓和布匹，好制作船帆。奥德修斯凭他精湛的技艺打造出木筏。四天后，他大功告成，便动用滚棒，将船推入海中。

第五天，卡吕普索给他暖和的新衣，又在木筏上装了很多玉米、美酒和清水，以及很多她熟知的奥德修斯所嗜好的美味，之后便与他作别。她送来一阵轻柔的风，鼓满了奥德修斯的帆，助他驶离小岛，奥德修斯欣喜若狂。之前卡吕普索曾告诉他必须用哪些星来判断方位，他听从了她的一切嘱咐。到第十八天时，他的眼前出现了一片陆地。

这里住着淮阿喀亚人，他们是出名的航海能手，那岛仿佛一块盾牌，横卧在雾气茫茫的海上。

眼看奥德修斯就要平安抵达故乡，但此时他的敌人海神波塞冬也已结束远游归来。

他看到奥德修斯平稳地驶向淮阿喀亚人的国土，便知道众神一定趁他不在时变了卦，正将奥德修斯平安送回故乡。

“好啊！”愤怒的海神说道，“奥德修斯以为他的苦日子已经到头了。但我想我还远远没有折磨够他。”

于是，他将云朵聚成一股狂飙，又搅动深海的水。很快，浓重的黑云笼罩了陆地和大海。波塞冬又放出所有的狂风暴雨，让黑夜从天空降下。暴风彼此搏斗厮杀，在海上掀起汹涌的巨浪，浪尖有如山高，滚滚冲向海岸。

此时，奥德修斯陷入了彻底的绝望。“我真是不幸之极，”他叹道，“倒不如当时在特洛伊战死，像勇士一样被埋葬。”

正说着，一个巨浪击中了木筏，将它打得团团转。奥德修斯手中的船舵被冲走，桅杆也折成两半，船帆和桁端一起被抛向了远处，奥德修斯自己也被冲进了海水中。

沉重而猛烈的波涛将奥德修斯压在水下，让他久久无法动弹，吸饱水的衣服拖着他往下沉。但他终于还是浮出了水面，咸涩的海水从他口中吐出，也顺着他的头和脸流淌下来。即便如此，他也没有忘记他的木筏，在波浪中向它跃去，紧紧抓住它，又爬了上去。

巨浪肆意驱赶着木筏，就像风追逐一小片蓟绒。一会儿南风将它扔给北风推挤，一会儿东风又将它吹给西风追逐。

勇敢的奥德修斯被一心复仇的海神折磨的惨象，被一位美丽的海仙女看在眼里，她不由得心中生出怜悯。

她像白翅的海鸥一样从海浪中浮起，爬上木筏，对奥德修斯开言。

“海神是杀不死你的，”她说，“照我说的做，你就能逃得性命。脱下你浸水的沉重衣衫，放走木筏，让它随水流漂走，只身奋力游向岸边。拿我的这方纱巾去，缠在你的身上。它会保你平安，在你的双手触及陆地之后，转过头去，让面纱飞回大海。”

言毕，她便将纱巾递给奥德修斯，像鸟一样潜入大海，被黑色的波涛淹没。

但奥德修斯并不相信她的好意。

“一定又是众神要置我于死地的阴谋，”他想，“不能听这位海仙女的。我看还是这么办：只要我的木筏还没有散架，我就留在上面。但如果暴风雨把木筏打散，那我别无他法，只好下海游泳。”

海神掀起一个空前的猛浪，击中了木筏，如骤风吹散谷壳，将木筏的木板和横梁冲得七零八落。但奥德修斯抓住一块木板，爬了上去，就像骑在马上。他脱下湿衣衫，将海仙女的面纱缠在身上，从木板上跃入海中，用尽全身力气游泳。

海神见了他，轻蔑地摇头。

“那么，你就这样在海上漂着吧，”他说，“直到有人来救你。”

言毕，他鞭打着自己的白鬃飘逸的骏马，回到大海深处的家。

但雅典娜也看到了奥德修斯，她命令所有的风都停下来，除了北风。“用力吹吧，北风，”她说，“为奥德修斯开路，直到把他送到淮阿喀亚人那里。”

两天两夜，奥德修斯在汹涌的大海上漂浮前行。

第三天黎明时分，风停了下来，海上呈现一片令人窒息的平静。他看到陆地已近在眼前，不由得欣喜若狂，继续奋力挥动双臂，直到看到岸边的树木。

就在这时，他听到海涛拍打礁石的巨大轰鸣。他很快便发现那片海岸上没有任何可供船停泊的港口，只有陡峭的海角、礁石和高耸崎岖的悬崖，海浪撞击着它们，其声有如雷鸣，而后化为回流的怒涛。

奥德修斯心想："我终于看到了陆地，却无法逃离这灰暗的海水。若想要爬到岸上，海浪势必把我抛向那些嶙峋的岩石。若沿着海岸继续往前游，指望找到一片港湾，暴风又会再次把我卷走，冲到离陆地更远的深海，又或者海神可能会放出岸边的水怪，将我吞食。”

他正这么想着，一个巨浪把他抛到了波涛猛烈拍打暗礁的地方。要不是雅典娜早一步给他出了主意，他早已粉身碎骨，命归地府了。当浪头向他冲来时，他死死抓住岩石不放，直到它过去。但海浪回弹，又向他冲来，狂暴的波涛强行拽开他紧抓住礁石的手指，将他抛入海中。他双手血流不止，整个人被巨浪淹没，险些死于非命，但雅典娜再次悄声点拨他。他听毕，浮上水面，一边奋力避开浪尖，一边不停地寻找港湾，终于发现一个河口，一条清澈的河从这里汇入大海。

奥德修斯向河神大声呼唤，祈求河神怜悯自己，使他最终安全上岸。

慈祥的河神让水流平缓下来，让他在波光粼粼的河面上漂游，他最终抵达了岸边。

此时奥德修斯已遍体鳞伤，浑身浮肿。咸涩的海水从他的鼻孔里喷涌而出。但他终于躺在了干燥的陆地上，尽管呼吸困难，无力吐字，几乎昏迷过去。等他苏醒过来，便取下海仙女的面纱，扔进河中。它迅速顺流而下，海仙女从海中浮起，双手接住它，收回带走。奥德修斯随后跪在河边的芦苇丛中，亲吻脚下的泥土，心中充满喜悦与感激。

“清晨河边的风凉气袭人，”他心想，“夜晚河边更是寒冷刺骨，可能会要了我的命。”

于是他爬上山坡，来到一处阴凉的树林，匍匐在两棵橄榄树的掩蔽下。这两棵树的枝叶紧密缠绕，狂风无法吹透、阳光照不进来，雨水也打不穿。

奥德修斯在树下将干燥的落叶聚拢，做成自己的床铺，然后躺下，把自己埋进这温暖而芬芳的铺盖里。

雅典娜随即送来睡意，让他合上双眸。最终，他进入了舒适幸福的梦乡，忘却了自己经历的一切劫难。

第6章

奥德修斯邂逅瑙西卡

在淮阿喀亚人的国度，哪个少女也比不上国王的亲生女儿美丽可人。那女儿叫作瑙西卡，生性善良温柔，人见人爱。

北风将奥德修斯吹到淮阿喀亚人的土地上，让他躺在橄榄树下的落叶床上睡去。此时，女神雅典娜来到宫邸中瑙西卡睡觉的房间，对着梦中的她开口说道：

“不久你就将出嫁，瑙西卡，”她说，“该将你那些漂亮的衣服洗涤一新了。明天你必须敦促国王，也就是你的父亲，为你备好骡马车子，出城去往一处可以洗净和晾干你所有华美衣服的地方。”

清晨来临，瑙西卡想起了她的梦，便去告诉她的父亲。

她的母亲正坐在那里纺绩蓝紫色的纱线，而她的父亲

正要出门去参加一个议事会。

“亲爱的父亲，”公主说，“能否借给我一辆轮子结实、车身高大的骡车？我想把我所有漂亮的衣服载去河边洗涤。我也会把您所有的衣服带去一同洗净，这样您就可以穿着雪白的衣服去处理国事。我还要把五个兄弟的衣服也浣洗干净，我知道这样做他们会很高兴的。”

她羞于对父亲说起雅典娜提到的婚事，因此说得很委婉。

但国王心领神会。“不管是骡子还是别的什么，我都会给你，我的孩子，”他说道，“快去吧，吩咐下人准备车子。”

仆人们迅速备好国王最好的车子，套上最健壮的骡子。瑙西卡的母亲用篮子装满了她女儿最爱的各色佳肴，好让瑙西卡和她的侍女们一同享用。车里堆满华服，装食物的篮子被小心地放在一旁。瑙西卡爬上车，抓起鞭子和闪亮的缰绳，扬鞭驱赶骡子，答答的蹄声顿时响起。

她们来到那条美丽清澈的河边，奥德修斯前一天正是跪在这河边的芦苇丛中。她们解下骡子的缰绳，赶着它们啃食岸边丰美香甜的三叶草。然后，她们就开始洗衣服，洗得勤快又干净，又把衣服铺在海边干净的鹅卵石上晾晒。

之后，她们在水中沐浴，浴毕便傍着波光粼粼的河岸享用午餐。

吃完午餐，太阳还未将她们的衣服晒干，于是瑙西卡和她的侍女们玩起了抛球游戏。她们一边抛接球，一边唱歌，这是那片土地上的风俗。尽管少女们个个秀美，但白臂的瑙西卡还是最出众的。

她们将球你抛给我，我抛给你，玩得不亦乐乎。快到收拾衣服回家的时间了，瑙西卡使劲把球抛给了一名侍女。那女孩没有接住，球飞进河里，被一个浪头冲到了海中，公主和她的侍女们都大声尖叫起来。

她们的喊声惊醒了正躺在树叶床上睡觉的奥德修斯。

“附近一定有人烟了，”他自言自语道，“那是女孩子们嬉戏的声音。”

他一边说着，一边从橄榄树的掩蔽下爬了出来。

他游泳逃命前把衣服全都扔进了海里，因此浑身赤裸，于是攀折下几根叶子繁茂的树杈，遮住身体，朝瑙西卡和她的侍女们走去。

他的样子与树林中的野人无异。女孩子们看到他走来，便尖叫着四处逃窜。有的躲到了岸边的岩石后，有的直跑上伸入海中的黄色沙滩。

奥德修斯的脸上布满了盐渍结成的硬壳，看上去是个凶猛可怕的庞然大物，但胆量过人的瑙西卡没有跑开。

她站在那儿浑身发抖，看着奥德修斯慢慢走近，在离她不远的地方停下来。

这时，奥德修斯用温柔亲切的语气开口说话，希望能消除她的恐惧。

他告诉她自己遭遇了船难，求她带他去城里，给他几件旧衣服，或是她用来装衣服的旧口袋，这样他就不需要再用树叶蔽体。

“我从未见过哪个少女，容貌比得上你一半秀美，”他说，“求你同情我吧，愿众神满足你所有的心愿。”

瑙西卡说：“外乡客，看来你不是个坏人。我很乐意给你衣服穿，再带你去城里。这是淮阿喀亚人的国土，我父亲正是这里的国王。”

然后她吩咐她的侍女们：

“你们为何见到人就四下奔逃？你们当他是坏人吗？他只是一个遭了船难的可怜人罢了。来，快拿吃喝来招待他，再给他取些衣服来。”

侍女从她们的藏身之处回来，取来几件她们带来洗涤的瑙西卡兄弟们的衣服，放到奥德修斯身边。

奥德修斯满怀感激地收下衣服，向河边走去。他跳进清澈的流水，洗掉脸上、四肢和身上的盐壳，又涤去头发上的盐渍。然后，他穿上一位王子的华服，走到岸边，瑙西卡和她的侍女们正在那里等候。

奥德修斯满头的鬈发像风信子花一样，他看起来高大俊美，健壮非常。瑙西卡对她的侍女们说："这个男人，刚刚我们还觉得面目可憎、身材矮小，现在看去却如神明一般。如果有一天我能有位夫君，真希望能像他一样。"

她和侍女们又给他送来美酒佳肴，奥德修斯已经好几天未曾饮食，只顾狼吞虎咽。饮食完毕，侍女们把洗好的衣服装进马车，把骡子套好，瑙西卡登上她的座位。

"我们穿过这片田野的时候，"她对奥德修斯说，"我在前面开路引道，你和我的侍女们一起跟在后面。不过等到我们快要进城的时候，你就要停下来。城里高墙环绕，塔楼耸立，港口泊满了船只，粗鲁无礼的水手们会一面盯着我们打量，一面说闲话：'瑙西卡是不是打心底里瞧不起要与她结婚的淮阿喀亚人，所以自己跑去找了个丈夫？是她在路上捡了一个遭了海难的外乡浪子，还是哪位神明从天而降，来娶她为妻？'所以到了城外请不要跟在我们后面，以免水手们取笑。城市附近有一片漂亮的白杨林，四周长满芳草。你坐在那里，一直等到估计我们已经到达王宫的时候。

"然后你就自己去找王宫。随便哪个孩童都能给你指路。到了之后，你要迅速穿过庭院，到我母亲的房间，你会看到她在火边纺绩蓝紫色的纱线。她头倚一根立柱，身边众侍女环绕。我父亲的宝座在她旁边。但是你要绕过我父亲，抱住她的双膝请求。如果你能博得她的欢心，让她对你心生恻隐，我父亲一定会助你平安回到自己的家乡。”

然后瑙西卡策动长鞭驱赶骡子，它们迅速奔跑起来，很快就把银色的河、沙沙响动的芦苇丛，以及黄沙海滩抛在了身后。

奥德修斯和侍女们跟在马车后面。太阳落山时分，他们到达了草地中间的白杨林。

奥德修斯一直待在那里，直到估计瑙西卡已经到达宫殿。她抵达后，在宫门口停下，她的兄弟们出来将衣服从车上卸下，又解开骡子的挽具。瑙西卡上楼回到她的房间，她年迈的女仆为她生好火，治备晚餐。

奥德修斯估计时间差不多了，就起身走向城里。看到巍峨绵延的城墙，港口宏伟浩荡的船队，他惊叹不已。但等来到国王的宫殿时，他才真正大开眼界。宫殿的墙壁由黄铜铸成，门开着的时候，从外面看去，里面有如日月璀璨生辉。墙壁上镶着一道蓝色的墙脊。所有的门均为黄金打造，配着白银的门柱、黄铜的门槛和纯金的门环。大厅里立着金铸的动物和金铸的人，金人手中举着熊熊的火把。外面院子里有一座大果园，里面栽满枝叶繁茂的梨树和石榴树、硕果晶莹的苹果树，以及郁郁葱葱的无花果树和橄榄树。这里四季鲜果不断。就拿葡萄来说，有的还在开花，有的已变成紫色，摘下便可食用，至于雪白的梨花、粉色的苹果花、金黄的熟梨、红润的苹果，更是不计其数。

奥德修斯驻足欣赏眼前的奇观，但没过多久，他便迅速穿过大厅去找王后。其时，她正在火光的映照下纺着蓝紫色的纱线。他跪倒在她的膝前，房间里一片寂静，所有人的目光都集中在他身上，他看起来勇武过人、气度不凡。

“王后，我历经了许多劫难，才来到这里，”他说，“我祈求您帮我尽快回到自己的家乡。我已经远离朋友太久，为此忍受了太多的痛苦。”

言毕，他在炉火旁的灰堆中坐下，有一小会儿，众人都不言语。

最后，一位足智多谋的年迈大臣对国王开口言道：“让这个外乡客坐在炉火旁的灰堆里，实在太不像话了。还是快让他起来，用肉食和美酒招待他吧。”

大臣言毕，国王便拉起奥德修斯的手，请他起身。他又命自己的一个儿子让出镶银座椅，并吩咐他的仆人拿来一只银洗手盆和一只金水罐，让奥德修斯洗手。又令手下递上各种珍馐佳酿。在场的首领和大臣们与奥德修斯一同尽情宴饮，直到回家时分。

众人离开前，国王向奥德修斯许诺，他会护送他平安回到自己的国土。

等到国王和王后身边只剩下奥德修斯一人时，王后开口问道：“请告诉我们，你是何人？你又从哪里得到这些衣衫？你身上所穿的，均为我亲手制成。”

奥德修斯将自己的经历向她一一道来，包括自己如何被困在卡吕普索的小岛，如何从那里脱身，他的木筏又如何被可怕的风暴冲散，最后讲到他千辛万苦上岸后，遇到了瑙西卡。

国王开口说道：“我那女儿带着她的侍女回宫时，不该将你丢下。”

但奥德修斯将瑙西卡安排他在后面走的原因一五一十地告诉了国王。

“不要生这姑娘的气，她没有做错任何事，”他说，“她是我见过的最善良、最美丽的姑娘，此言千真万确。”

然后奥德修斯走到仆人们为他准备的床铺边。他们已在上面铺上华美的紫色垫褥。一切准备停当，他们站在床铺旁边，手中举起熊熊的火把，红色与金色的光芒交相辉映。

“上去吧，客人，请安寝。”他们说，“你的床铺已备好。”

那一夜，奥德修斯躺在柔软的床上，盖着暖和的毯子，进入了香甜的梦境。他不再被愤怒的大海随意抛掷、拍击，也不再浑身湿透、饥寒交迫。他的耳边再也听不到汹涌海浪的轰鸣声，因为在宫殿中一切都很宁静，火光在蓝色的墙脊上闪烁，也将黄铜墙映成了金色。第二天，国王又安排奥德修斯观看一场盛大的竞技。不论是拳击、摔跤、跳跃和赛跑，还是其他项目，瑙西卡的兄弟们都技压众人。不过，等开始比赛投掷石饼时，他们便请求奥德修斯也出手比试，结果奥德修斯掷出了一块石饼，无论距离还是重量都远胜所有淮阿喀亚人。

那晚，王宫的大殿中又举行了盛大的宴会，国王的吟游诗人奏起乐器，歌唱攻占特洛伊的伟业，称颂伟大的奥德修斯的英勇事迹。奥德修斯听得心潮澎湃，再也忍受不住，泪水湿润了脸颊。在座的众人中，只有国王觉察到他在哭泣。他想要了解奥德修斯悲伤的原因，最终开口询问。于是，奥德修斯便告诉了国王自己的名字，以及他离开特洛伊后历经的九死一生。得知一切后，国王、王后和大臣们向奥德修斯馈赠了丰厚的礼物。国王送给他一把漂亮的镶银剑。瑙西卡虽未赠他物品，但她站在那里久久凝视着身穿紫袍的奥德修斯，比往常更坚信他是她见过的最俊美、最伟大的英雄。

“再见，外乡客，”该到她回去睡觉的时间了，她心知自己第二天早上再也见不到他了，因此对他开口言道，“再见，外乡客。但愿你回到故乡后，有时仍能记起我。”

奥德修斯说：“瑙西卡，是你救了我，我将永世不忘。”

次日，一队淮阿喀亚人引着奥德修斯一同下到海边的一艘船边，又将馈赠给他的宝物搬上船，在甲板上为他铺上毯子。奥德修斯躺在船上，只听得木桨划动海面溅起的水花声，看到船头激起的湍急的波浪，明白他们正迅速地驶向他心爱的伊萨卡，便进入了安稳的梦乡。船继续前进，轻快得连一只追逐猎物的鹞鹰也难以追赶它。当预示黎明的明星升起时，他们已经靠近了伊萨卡。水手们迅速泊船靠岸，将睡着的奥德修斯裹在他亮紫色的毯子中，抬到一棵大橄榄树下，那树上的灰色叶子遮蔽着沙滩。他们把他放在树下，将财宝堆在他身边，然后趁他还在酣睡，折返而去，登上自己的船，扬帆归航。

奥德修斯仍在熟睡，女神雅典娜将一团浓雾笼罩在他周围。待他醒来，隔着灰蒙蒙的雾气，岛上泊船的港湾、长长的小路和茂盛的树木在他眼中都很陌生。

“我好苦！”他发出悲鸣，“淮阿喀亚人答应将我送回伊萨卡，却将我带到了这陌生的土地，这里的外乡人定会袭击我，窃取我的财宝。”

他正不知如何是好时，雅典娜女神来到了他面前。只见这位身材高大、皮肤白皙、仪态高贵的女神，用一双和蔼的灰眼睛对着奥德修斯微笑。她来到橄榄树下，在奥德修斯身边坐下来，将他离家的岁月中伊萨卡发生的一切详细道来，又一五一十地指点他该如何夺回他的王国和王后。

第7章

奥德修斯离家后

奥德修斯远赴特洛伊征战的数年间，他的幼子不觉已长成一名少年。又过了许多年，奥德修斯还未归返，忒勒玛科斯却已长成一名男子汉。

忒勒玛科斯深爱他美丽的母亲珀涅罗珀，但内心也一直思念着那个他只能依稀记得的英雄父亲。岁月流逝，他的思念有增无减，因为奥德修斯的王国里正发生着不堪的事情。

伊萨卡的酋长和首领们都不仅垂涎于珀涅罗珀的美貌，还觊觎她的财产和土地。奥德修斯一去不返，这些贪婪歹毒的人一个个都想娶她为妻，妄图将勇敢的奥德修斯的所有物据为己有。

“奥德修斯必定早已丧命，”他们说，“那忒勒玛科斯

还是个孩子，奈何不了我们。”

于是他们来到珀涅罗珀和忒勒玛科斯的宫邸，年复一年地赖在那里大吃大喝，肆意糟蹋奥德修斯的财物。他们的放肆与贪婪令珀涅罗珀厌恶不已，更有甚者，他们还一个个日复一日地、恬不知耻地缠着她问：“你愿意嫁给我吗？”她饱受折磨。

最后，她想到了一条阻止他们跟她谈婚论嫁的妙计。

她在宫殿中用精美的上乘纱线纺起了一件巨大的织物。

然后她对求婚者们开言道：“何不待我织完这件衣袍，再告诉你们我的答案。”

白天，她在机杼前忙忙碌碌，但一到夜晚，趁求婚者睡去，她会将白天所织的全部拆毁。于是求婚者们发觉这件袍子似乎永远也织不完。

珀涅罗珀郁郁寡欢，忒勒玛科斯同样心事重重。在奥德修斯被困在卡吕普索岛上的三年中，苦不堪言的母子俩相依为命。

一日，忒勒玛科斯坐在宫门口，眼见着求婚者饮酒狂欢，不由得悲从中来。他正思念着勇敢的父亲，担心他已客死他乡。这时，一个陌生人走到院子门口，一身打扮像是一名来自外乡的战士。

这位外乡客便是女神雅典娜。她获得众神许可，前去让奥德修斯重获自由，同时，众神也一致同意她该去伊萨卡帮助忒勒玛科斯。但她此刻不是那个灰眼金发、脚踩金鞋的美貌女神，而是打扮成了一名战士。

忒勒玛科斯站起来，亲切地握住她的手，领她走进了大厅。他从她手中接过她随身携带的沉重的青铜长矛，让她坐在一张最精美的座椅上，在那里，粗鲁的求婚者吵吵嚷嚷的声音不会烦扰到她。

“欢迎你，外乡客，”他说，“请先用餐，再告诉我们你需要些什么。”

然后他让仆人拿来一只银洗手盆和一只金水罐，让她洗手，又为她取来了上好的肴馔和酒。

不久，求婚者们进来了，他们大吃大喝，肆意玩笑。忒勒玛科斯看在眼里，听在耳中，心中气愤不已。然后，他低声对雅典娜说：

“这些人贪吃贪喝，糟蹋我父亲的财物。他们只道奥德修斯的白骨已撒在遥远的土地上，任雨水侵蚀，或被海浪抛掷。但我父亲还活着。有朝一日他若回到家中，那些懦夫会在他面前逃之夭夭。请你告诉我，外乡客，你可是来自遥远的国度？你可曾见过我的父亲？”

雅典娜回答说：“奥德修斯眼下还活着。他正被拘禁于某座小岛上，但不久他就会设法逃脱，并返回故土。你的长相和奥德修斯十分相似，我的孩子。你有着和他一样的头颅，和同样漂亮的眼睛。”

雅典娜的话语如此亲切而又充满希望，忒勒玛科斯不由得将心中的一切思虑都如实禀告。当雅典娜得知求婚者如此邪恶与贪婪，她怒不可遏。

“你的确需要奥德修斯，”她说，“假如奥德修斯现在手握长矛来到大门边，他立刻就会驱散那些不要脸的求婚者。”

然后她告诉忒勒玛科斯他必须做什么。

“明天，”她说，“召集首领们开会，要那些求婚者各自回家。”

她还告诉忒勒玛科斯，他自己要装备一艘船，配备二十名桨手，这样他就可以航行到一座小岛，在那里可以听到他父亲的消息。

“你长得挺拔又英俊，我的朋友，”她说，“拿出勇气来，这样后世的人们也会称颂你。”

“你对我的谆谆嘱咐，有如父亲对儿子的言语。我会牢记不忘。”忒勒玛科斯说。

他恳求雅典娜再停留片刻，并希望送给她一件珍贵的礼物。但她无意停留，也不愿接受任何礼物。她反倒给了忒勒玛科斯一份馈赠，尽管他此时并不知道。她为他的心灵注入了力量和勇气，随即便如一只美丽的鸟飞向大海上空。她留在身后的，不再是那个担惊受怕、郁郁寡欢的男孩，而是一个无坚不摧、无所畏惧的男人。

求婚者没有注意到一名陌生的战士来了又去。他们正忙着闹哄哄地大吃大喝。当他们大快朵颐时，一位吟游诗人为他们奏起七弦琴，并唱起一首战争结束后战士们从特洛伊归来的歌曲。

珀涅罗珀从她楼上的房间听到了这首歌，就走了下来。有一小会儿，她站在门边听着。后来她再也忍不住了，哭泣着对吟游诗人说：

“请唱一首别的歌吧，不要对着我唱这首从特洛伊归来的歌，我的丈夫再也没有回来。”

这时，忒勒玛科斯以一种新的、充满男子气概的方式对他的母亲开口说话，令她诧异不已：

“不要怪罪那吟游诗人，亲爱的母亲，”他说，“他唱悲伤的歌，过错不在他，全是众神的错，是他们赐予凡人悲惨的命运。您不是唯一一个在特洛伊失去亲人的人。回您的房间去吧，让我来安排这里的事情，因为现在我才是一家之主。”

他以同样无所畏惧、男子气十足的方式对求婚者们开口道：

“今晚你们可以尽情吃喝，”他说，“只不过不要吵嚷不休。明天我们见面议事。到底是让你们继续糟蹋我的财物，还是我自己当家作主，做自己土地上的国王，必须从此做个了断。”

求婚者们怒不可遏，咬着嘴唇欲言又止，一些人对他出言不逊。但是忒勒玛科斯不屑一顾。当求婚者们终于各自回家时，他也上楼回到自己的卧房。他小时候的保姆，一位老妇人，在他面前举着火把给他指路。他在床上坐下，脱下他的贴身衣，由她叠好抹平，再挂起来。然后她抓住银质门环，关上门离开。忒勒玛科斯盖着柔软的羊毛毯，深夜难眠，思考着雅典娜对他说的一切。

天蒙蒙亮，他便穿好衣服，背上佩剑，吩咐传令官召集首领们参加议事会。人们集合完毕后，他便走进大厅，手执一杆青铜长矛，两条猎犬紧随其后。当他走到从前他父亲的位置就座时，长老们向两旁退让。因为雅典娜赐给他一副堂堂的仪表，使他看起来像一位年轻的神。

“自从勇敢的奥德修斯远航前往特洛伊以来，我们从未召开过议事会，”一位年迈的首领开口说道，“我认为召集这次会议的是一名真正的男子汉——愿他吉星高照！愿众神令他心想事成。”

他的话似乎开了个好头，让忒勒玛科斯高兴不已。他迫不及待地想将心中积蓄已久的话一吐为快，于是挺身站立，对众人开言。

他先是沉痛地诉说失去他父亲的不幸，又激烈地谴责懦弱的求婚者们如何在他家中大吃大喝、糟蹋财物，对珀涅罗珀和他自己粗暴无礼。

说完这番话，他心中悲愤交加，忍不住泪水喷涌。

有一小会儿，人们寂然无声。然后其中一个求婚者生气地反驳道：

“珀涅罗珀才是罪魁祸首，其他人何错之有？三年来，她一直在愚弄我们，说：‘何不待我织完这件衣袍，再告诉你们我的答案。’所以我们等了又等。但现在三年已经过去，第四年已经来临。她的一名女仆透露给我们，每天晚上她都会把白天织好的部分全部拆掉。她不能再对我们耍花招了，必须现在就织完长袍，并当众宣布她将嫁给谁。在她选好丈夫之前，我们决不会离开此地。”

这时，忒勒玛科斯再度开口，想要以好言好语打动求婚者的心。

“如果你们不肯离开，”最后他说，“我会祈求众神惩罚你们的恶行。”

他说话间，两只苍鹰从山顶飞来，迅疾如风。它们并排飞临会场上空。一阵盘旋过后，它们愤怒地冲向对方，用野蛮的脚爪撕扯对方的脑袋和脖颈。随后，它们拍打着巨大的羽翼，急速地飞走，消失在了远方。

一位智慧的老者说道：“这是一个凶兆。奥德修斯即将归来，那些求婚者将要大难临头。我们让他们不要再为非作歹，这样我们可以躲避灾祸。”

“你还是回家去吧，老头子，”求婚者怒气冲冲地嘲笑道，“给你自己的孩子们预言灾祸吧。奥德修斯已经死在他乡。照我们看，你本应该和他一道丧命，这样就不会像现在这样胡说八道，也不会奉承忒勒玛科斯，指望他赐你一份礼物。”

他们又对忒勒玛科斯说：

“我们会继续耗蚀你的家财，直到珀涅罗珀嫁给我们中的一个。”

除了那老者之外，只有一个人鼓起勇气为忒勒玛科斯说话，那便是他临危不惧、品质高贵的朋友门托耳。他站出来指责求婚者们厚颜无耻，却被他们嘲笑不已。当忒勒玛科斯告诉他们他要乘船去寻找他的父亲时，求婚者们放声大笑起来。

“他永远回不来了，”其中一个说，“即使奥德修斯回来了，我们也会在他归家的路上结果他的性命。”

议事会结束后，求婚者又来到奥德修斯的宅邸中狂欢。

忒勒玛科斯来到海边跪了下来，面前的灰色海水冲击着沙滩，碎成白色泡沫。

“请听我说，”他喊道，“那昨天来和我说话的人，我现在知道您是一位神。求您告诉我，我要如何才能找到一艘船，渡过茫茫的大海，找到我的父亲？没有人帮我。”

雅典娜迅速过来回应他的呼喊。

“勇敢起来。做你父亲的儿子，”她说，“回到你的家中，准备好玉米和酒浆，以备远航之用。我会为你挑选伊萨卡最好的船，放入海中，并召集一众愿意前往的船员。”

随后，忒勒玛科斯回到了府邸。在院子里，求婚者们正在宰羊烹猪，准备大摆筵席。

“忒勒玛科斯来了，他正盘算着干掉我们呢，”他们嘲笑道，“忒勒玛科斯，他的口气还真是狂妄——忒勒玛科斯的脾气可真不小。”

一个年轻人开口说：

“如果他出海航行，就会像奥德修斯一样，一去不复返。谁知道呢！到时候我们将瓜分他所有的家产，他的房子也要归娶珀涅罗珀的那个人。”

忒勒玛科斯甩开冷嘲热讽的人群，下到他父亲存放宝藏的拱顶房间。那里堆放着黄金和青铜，还有成箱的华美衣物和一桶桶美酒。宝库厚重的门板日夜紧闭，由一名老保姆看管所有的宝物。

忒勒玛科斯吩咐她准备好玉米和酒，因为他将要远航。

“我母亲就寝后，我会前来将它们取走，”他说，“今夜，我就将扬帆出航，去寻找我的父亲。”

听到这话，老保姆哭了起来。

“不要走，亲爱的孩子，”她哭着说，“你是家中的独生子，我们心爱的人。奥德修斯已经死了，你远离乡土前往深海，又能做什么？你一走，那些歹人又要开始谋害你。不要去。千万不要去。你没有必要冒着生命危险远离家乡，在海上漂荡。”

“放心吧，奶妈，”忒勒玛科斯说，“雅典娜女神吩咐我去，自然会保佑我平安的。但是你得向我起誓，不要告诉我母亲我走掉的事，等到她想念起我来，再说不迟。我不想让眼泪损坏她美丽的容貌。”

保姆庄重起誓，又着手准备忒勒玛科斯需要的所有东西。

与此同时，雅典娜幻化成忒勒玛科斯的模样，找到了一艘快捷的帆船，又配备了驾驶它的水手。夜幕降临时，她将求婚者们送入梦乡，带领着忒勒玛科斯下到海边，水手们已一个个坐在船桨前。

忒勒玛科斯带着他的手下来到宫中，人人皆在沉睡，四周一片寂静。除了老保姆，没有人知道他要走的消息，但他们找到了她准备好的食物和酒，将它们搬到了船上。雅典娜随即登船，忒勒玛科斯坐在她旁边。清新的西风鼓满了帆，在海浪上吟唱乐曲。船头劈开黑色的波涛，迅猛向前，通宵达旦欢快地朝着目的地航行。

日出时分，他们来到一片陆地，雅典娜和忒勒玛科斯登陆上岸。这个王国的统治者对他们热烈欢迎，热情款待，却对特洛伊战争结束后奥德修斯的去向一无所知。雅典娜将忒勒玛科斯托付给他们照料，然后化作一只海雕飞去。人们惊奇不已，心知她一定是众神中的一员。

忒勒玛科斯在这个王国打探不到父亲的消息，又前往邻国，这期间，求婚者们在纵情宴饮时不免会想起他。他们一直以为他去打猎了，直到有一天，他们在宫邸前玩乐时，将船借给雅典娜的那个人来找他们。

“忒勒玛科斯何时才会带着我的船归返?”他问道，“眼下我需要乘船渡海，去往我放养马的地方，带一匹马赶回来。”

求婚者听到他说忒勒玛科斯已经带着二十名勇敢的青年，乘坐伊萨卡最快的船扬帆远航时，胸中填满了怒气。

他们立刻找来一艘船，驶向一条海峡，那海峡位于伊萨卡和另一座多岩石的小岛之间。他们很可能会在那里和忒勒玛科斯狭路相逢。

“我们会在那里结果他，”他们说，“让他在这次寻父之旅中惨死。”

珀涅罗珀听到这话，知道她的儿子正驶向他的末日，心碎不已。她痛哭流涕，责备女仆们没有将忒勒玛科斯离开的事情告诉她。

“只要您愿意，处死我都行，”老保姆说，“但只有我一个人知道实情。只是忒勒玛科斯让我起誓不要告诉您，他怕泪水损坏了您那美丽的容颜。您无须担心，雅典娜女神会保佑他的。”

保姆的话让她的女主人稍觉安慰。那天晚上珀涅罗珀久久无法入眠，但最终还是进入了梦乡。雅典娜来到她的梦中，告诉她忒勒玛科斯会平安归来。她那原本盈满悲伤的心不由得为之一振。

她睡着的时候，求婚者们已经驾着快船远航，手中拿着长矛，心中充满杀意。他们在一座山石嶙峋的小岛上登陆，等着忒勒玛科斯的船经过，好下手杀死他。

第8章

奥德修斯返回故乡

忒勒玛科斯还在寻访他父亲的下落，奥德修斯却已经离家近在咫尺。那个浓雾笼罩的清晨，他并不知道自己抵达的地方就是伊萨卡，在灰蒙蒙的雾气的笼罩下，一切景物都显得陌生而无情，奥德修斯坐在悲鸣的大海边，心情无比沉痛。

随即，雅典娜来到他身旁，驱散了她面前的浓雾。奥德修斯再次看到他热爱的故土，便明白流浪的日子已经永远成为过去。雅典娜告诉了奥德修斯求婚者们的恶行，以及珀涅罗珀和忒勒玛科斯遭受的不幸，他胸中怒火升腾。

"请站在我这边！"他对女神说，"您若能助我一臂之力，我一人能敌三百人。"

"我定然全力支持你，"雅典娜说，"那众多贪得无厌

的求婚者，必定会用鲜血染红大地。”

她告诉奥德修斯除掉求婚者的办法，奥德修斯欣然同意了她的计划。首先，她让他藏在橄榄树下黑暗的洞穴中。

然后，她用自己的金魔杖点触他。瞬时，奥德修斯金色的头发便从头上掉落，明亮的双眼变得浑浊无光，饱满的皮肤干瘪下去、布满皱纹；又见他肩背佝偻，步履蹒跚，像个年迈力衰的老人。雅典娜再将他紫色、银色的华服，变为破烂肮脏的衣衫，并在他肩头披上一张毛脱尽的旧鹿皮。

“这就去吧，”雅典娜说，“先去寻觅你那个忠实的猪倌，他正坐在山上，看着猪群啃食橡果，啜饮清泉。他一直对你和你的妻儿忠心耿耿。到他那里去，向他打听所有的事情，我去把忒勒玛科斯接回来。”

“你明明知道一切，为什么不对忒勒玛科斯明言？”奥德修斯问道，“难道也要让他远离故土，在怒海上漂荡吗？”

“忒勒玛科斯经历的一切，会让他成为一个更勇敢的人。”雅典娜说，“尽管求婚者正等在船上想要杀死他，但他不会受到任何伤害。”

言毕，雅典娜朝着大海飞去，奥德修斯则沿一条崎岖的小路而上，穿过树林，来到猪倌自己盖的小屋附近。猪倌用石头和荆条搭成了小屋，又用同样的材料在旁边盖了猪圈。求婚者们每天大摆筵席，吃掉了很多肥猪，但尚余下数千头。猪倌照料着它们，还有三个男人和四条凶猛的狗做他的帮手。

奥德修斯来到山上的一块开阔的空地，从这里他可以俯瞰树林和大海。他发现猪倌正坐在小屋门口，用棕色的牛皮为自己做一双鞋。

猪倌的狗看见一个脏兮兮的驼背老人费力地往山上爬，便冲上去狂吠不止。它们扑到他身上，差点将他撕成碎片，幸而它们的主人扔掉了手中的牛皮，冲过去打骂狗群，又丢出石块，将它们赶走了。

“要是我的狗咬死了你，我就会永远羞愧，”他对奥德修斯说，“我已经受够了悲伤。我高贵的主人流浪异乡，缺衣少食，我却只能在这里，把他的猪养肥了供他人啖食。”

说着，他领奥德修斯来到了他的小屋。他在地板上垫了一些树枝，又在上面铺了一张柔软多毛的野山羊皮，再请奥德修斯坐下。随即，他又到外面的猪圈捉了两头乳猪，宰杀完毕，精心炙烤。肉烤熟后，他切下最肥美的部分给奥德修斯，又递给他一碗用甜蜜调制的酒。

奥德修斯吃肉喝酒之时，猪倌向他说起了求婚者们如何贪得无厌，糟蹋他主人的家产。奥德修斯默不作声地听着，心中却在盘算如何惩罚他们。

“不妨告诉我你主人的名字，”他终于说道，“我到过很多地方。或许我见过他，可以告诉你他的下落。”

但是猪倌回答道：

“每个漫游到伊萨卡的人，都会向我的女主人胡诌一番，说他们如何看到我的主人，又或者是听到关于他的消息。女主人热情地款待他们，盘问种种事情，眼泪顺着她的脸颊滚落。老人家啊，要是有人肯送你几件新衣服，你不免也会信口开河。我家主人无疑已经客死他乡，无论我走到哪里，都再也找不到这么仁慈的主人了。”

这时，奥德修斯说：

“我的朋友啊，我敢向你发誓，奥德修斯一定会归来。就在今年，旧月消蚀、新月出现的时分，就是他返家的日子。”

那天晚上，其他放牧者归来，发现奥德修斯和他们的主人仍然谈兴颇浓。晚上，猪倌用他手头最好的食材，整治出丰盛的肴馔，两人边吃边谈，直到黎明将近。夜黑风骤，大雨浇淋而下，遮住了月亮。但猪倌为奥德修斯铺好床榻，让他躺在上面，又把自己的厚斗篷盖在他身上。然后他自己走到外面一块岩石下躲避风雨，在那里看守睡在他四周的白牙闪亮的群猪。奥德修斯心中明白，他至少还有一个忠心耿耿的仆人。

奥德修斯在猪倌的住处落脚期间，雅典娜找到了忒勒玛科斯，吩咐他立即返回家中。忒勒玛科斯迅速回到船上和手下会合。他们解开船缆，扬起白色的风帆，雅典娜送来一阵清新的微风，海船劈波斩浪，如一只白翅的海鸟。夜晚，他们驶过求婚者埋伏的小岛，四下漆黑一片，没有人看见他们经过。

黎明时分，他们到达了伊萨卡。忒勒玛科斯按照雅典娜的吩咐，派人随船前往港口，却让他们把自己放在海岸上的一片树林边，那里正是猪倌的住处。

忒勒玛科斯手持带青铜尖的长矛，大步踏上崎岖的小路。奥德修斯和猪倌正生起火准备早餐，这时，奥德修斯听到了脚步声。抬眼望去，只见一名高大的少年，一头金发，双眸明亮，神色庄严无畏。“这一定是你的朋友，”他对猪倌说，“你的狗不但没有吠叫，还跳起来讨好他。”

猪倌一看，面前正是他的少爷，不由得喜极而泣。

“我以为再也见不到你了，我眼中甜蜜的光明，”他说，“快进屋，让我好好看看你，好心中欢喜。”

然后他拿出自己最好的食物摆在他面前，三个人一起吃起来。虽然奥德修斯看上去只是个贫穷的、衣衫褴褛的老乞丐，忒勒玛科斯却对他非常谦和有礼，奥德修斯看到他的儿子这样体面，心中不由得自豪欣喜。不一会儿，忒勒玛科斯就派猪倌去告诉珀涅罗珀，他已安全归返。猪倌一走，雅典娜就来到小屋内。她不向忒勒玛科斯显形，却示意奥德修斯到外面去。

“时候到了，该告诉你的儿子你的身份了。”她一边说，一边用她的金魔杖点触他。

奥德修斯立刻又变成了一个魁伟的男人，他身着华丽的衣衫，像太阳一样容光焕发、俊美非常。

当他回到小屋中，忒勒玛科斯以为他面前站着一位神。

“我并非神，”奥德修斯说，“忒勒玛科斯，我是你的父亲。”

奥德修斯紧紧拥抱住他的儿子，又亲吻他，一直忍住的泪水顺着脸颊流淌不止。忒勒玛科斯用双臂搂住他父亲的脖子，也哭得像个孩子。奥德修斯回家了，这令他欣喜若狂。

一整天，他们都在谈论求婚者，并谋划杀死他们的办法。

等猪倌回来时，雅典娜再次把奥德修斯变成了老乞丐的模样。猪倌告诉忒勒玛科斯，求婚者们已经返回伊卡萨，忒勒玛科斯从他们眼皮底下逃脱，令他们火冒三丈，打算第二天结果他的性命。

听到这话，忒勒玛科斯对他父亲笑了笑，但两人都一言不发。

第二天一早，忒勒玛科斯拿起他的长矛，对猪倌说：

“我要去王宫看我的母亲。至于这个老乞丐，你就带他到城里去乞讨吧。”

奥德修斯此时仍装作乞丐的模样，说道：

“在城里乞讨胜于在田间乞讨。只是我的衣服破旧单薄，难以抵挡寒气。不过，等我在火堆旁烤热身子，外面太阳也暖和起来，我就会很愉快地出发。”

忒勒玛科斯迈开大步，下山来到城里。他来到王宫，只见老保姆正在厅堂里忙碌，眼见他归来，不由得喜极而泣。珀涅罗珀一听到他的声音，便走出她的房间，伸出双臂搂住他，亲吻他的脸和眼睛，说话间脸上热泪滚滚：

“你回来了，我眼中甜蜜的光明。我还以为我再也见不到你了。”

此时，忒勒玛科斯手中拿着长矛，身后跟着两条猎犬，就像一位年轻的神，走到求婚者坐着的大厅。他将自己险象环生的旅程对朋友门托耳一一道来，却用沉默和轻蔑的目光看向求婚者们。

没过多久，奥德修斯和猪倌跟随他也来到了城里。奥德修斯肩上背着破烂的乞讨行囊，手里拄着拐杖。人们见他衣衫褴褛、形容落魄，便开口嘲笑他和他的向导。奥德修斯强忍住胸中的怒火，继续赶往王宫。他们在大门口看见老狗阿尔戈斯躺在污泥中。很久以前，在随奥德修斯猎杀野兔和鹿的猎犬中，数它品种最优良，奔跑最迅捷，如今它却又老又瘦，皮毛伤痕累累。

它听到了主人的声音，便摇着尾巴想要爬到他身边。

但它已经气若游丝，挪动不得，只能一边用几乎失明的双眼深情而热切地仰望主人，一边欢喜地摆动尾巴。它那忠诚的心因过度狂喜衰竭了。还没等奥德修斯拍拍它的头或对它说一句好话，老阿尔戈斯就翻了个身，死了。

奥德修斯眼中饱含热泪，从他朋友的尸体旁走过。他靠着拐杖，在门槛上坐下来。忒勒玛科斯给他送来自己桌上的面饼和肉肴，他便狼吞虎咽地吃起来。吃完，他又来到大厅，向求婚者乞讨。他们中有的丢给他吃剩的碎肉，有的则对他破口大骂，让他滚出去。有个人还拿起一只搁脚凳打他。

但奥德修斯还是压制住心中的怒火，回到门槛上坐下，他的乞讨行囊里已装满别人给他的残羹冷炙。

他坐下后，一个一向以贪婪和无礼闻名的真乞丐来到了王宫。

“老东西，快滚出去，”他对奥德修斯说，“否则我会把你嘴里的牙齿打得一颗不剩。”

他口中不断冒出肮脏刺耳的咒骂，最后又出拳猛击奥德修斯。

奥德修斯再也无法忍受，一拳打中他的脖颈，击碎了他的骨头，他翻倒在地，口中涌出鲜血。奥德修斯拽住他的脚后跟，将他拖到外面，塞给他一根拐杖，让他靠墙坐着。

“你就在那里坐着，”他说，“吓走野狗和猪吧。”

求婚者们放声大笑，津津有味地看着这场闹剧，又拿了一些吃的给奥德修斯，觉得这个老乞丐身手不凡。他们整晚尽情宴饮，不过等到夜幕降临时，就各自回家了。

他们走后，奥德修斯和忒勒玛科斯把大厅里所有的头盔、佩剑和锋利的矛都搬到库房藏起来。

忒勒玛科斯回到他的房间休息，奥德修斯却回到大厅里坐下，仆人们正在清理宴会的残汤剩水。他坐下后，珀涅罗珀和她的女仆们走来坐到椅子上休息，仆人们往椅子前的火堆里新添了柴禾，让它烧得更旺。

她开口对那老乞丐说话，言辞有礼、态度温和，又吩咐老保姆拿水来，洗涤他疲惫的双足。

很久以前，奥德修斯在猎杀一头野猪时被它用獠牙伤了腿。老保姆给他洗脚时，看到了那伤口。一瞬间，她认出了自己的主人，不禁惊呼起来。铜浴盆当的一声掉在地上，水溅得到处都是。

“你是奥德修斯，”她说，“我看到你的伤疤才认出你来，我亲爱的孩子。”

珀涅罗珀却并未听到她那声高兴的呼喊，因为雅典娜将她的心思移到了别处。奥德修斯连忙让老保姆别出声，那老妇人听从了他的话。

珀涅罗珀在回去休息之前，悲伤地对奥德修斯说：“我觉得离开的日子近了。很快我就要被从奥德修斯的宫邸带走。你看到这里有十二把斧头，那是我那天下无双、勇力过人的丈夫摆放在这里的，他能一箭射穿每把斧头[①]。我已告诉求婚者，无论是谁，若能做到这一点，我便可嫁给他。我将离开这住所，但我心中会永远无比珍视它。”

老乞丐听完回答说：“他们比试的时候，奥德修斯定会回到这里。他才是那个能射穿斧头的人。”

珀涅罗珀内心无比渴望他的话能够应验，她上楼回到自己的房间，躺在床上哭湿了枕头。随后，雅典娜让睡梦合上她的双眼，忘却所有的悲伤。

奥德修斯也整夜辗转反侧，心中被愤怒与复仇的念头所填满。但雅典娜轻轻地以手合拢了他的眼睑，让他进入了梦乡。

第二天，求婚者们又来到王宫，对奥德修斯报以粗俗的玩笑和谩骂的言辞。

“任何人要是想伤害这个人，先要跟我决一胜负。”忒勒玛科斯说道。求婚者听了他的话却大笑不止。

但是坐在他们中的一个外乡人发出了恐惧的叫喊：

“我看到黑暗笼罩了你们的双手和双腿！我看到泪珠

---

① 对于奥德修斯如何能一箭射穿十二把斧头，学界仍有争议。一种说法是他一箭射穿了连续排列的十二把斧头上的小孔。——译注

从你们的脸颊上滚落！墙壁和柱子上溅满了鲜血；门廊上到处是鬼影；宫邸中弥漫着灰色的雾气，里面蹿出一个个苍白的阴魂。”

听到这话，求婚者更加狂笑不止，他们觉得这个人疯了。但是，在一场梦中，他看到了将要发生的一切。不一会儿，珀涅罗珀一边哭泣，一边从枪械库里搬出奥德修斯往日用来射箭的巨大弯弓。她深爱奥德修斯，无法接受自己将嫁给另一个人的命运。忒勒玛科斯随后脱掉他的红斗篷，将青铜斧头一把把摆好。求婚者一个接一个地试着拉开巨弓，想用它射出箭矢。但他们接二连三地失败了。

看来没有人有力气拉开这张弓，就在这时，奥德修斯走过去将它握在手中。他射出一支支利箭，穿过了每把斧头上的圆孔。当最后一支箭射出时，他扯下身上破旧的衣衫，用响彻宫邸的声音对忒勒玛科斯喊道："现在，该为求婚者们准备晚餐了！现在，最严厉的审判到了。我要去瞄准另一个目标！"

说完，他向那个最为凶暴残忍的求婚者射了一箭。箭头直中他的咽喉，他的鲜血滴落在地，他倒地身亡。其他人发出了愤怒的叫喊声。但是奥德修斯用灼热的目光怒视着他们，用令人战栗的声音开口说话了：

"你们这些恶狗！说我永远都不会回来。你们一直糟蹋我的财物，侮辱我的王后，与叛国者无异。你们的死期到了，无人能幸免。”

求婚者们此刻胆量全无，面孔因恐惧而变得煞白，他们乞求得到奥德修斯的宽恕，却徒劳无功。那天奥德修斯没有饶恕任何人。有人拔剑冲向奥德修斯，想要杀死他，却不过是以卵击石。在他们的剑刺到他之前，他已拉开弯弓，以锋利的箭矢射中他们的心脏。宫邸中的一名仆人背叛了他，爬进了枪械库，给求婚者们拿来长矛、盾牌和头盔。即便如此，奥德修斯和他的儿子也面无惧色。忒勒玛科斯用长矛将求婚者一个接一个刺死。奥德修斯将手中的箭射完，也抓起长矛，与儿子并肩作战。猪倌和另一个人也加入了他们的阵营。他们越战越勇，因为雅典娜将勇气源源不断地注入他们的内心。

当战斗结束时，地上已血流成河，奥德修斯像一头被困的狮子，站在求婚者们的尸体旁，满脸满手都沾满了鲜血。

眼见所有求婚者都死去了，老保姆不由得高兴地大喊起来。

“还是在心里偷偷高兴吧，老保姆，”奥德修斯说，“因被杀的人高兴是件渎神的事情。”

老保姆赶紧来到珀涅罗珀的房间。

“珀涅罗珀，亲爱的孩子！”她喊道，“奥德修斯已经回家了，所有的求婚者都死了。”

起初，珀涅罗珀不相信她的话。这样的好消息太令人难以置信了。她走下来，看到在火光的映照下，奥德修斯背靠在一根高大的柱子上，她仍不敢相信自己眼前的一切。

“母亲，您真是硬心肠，”忒勒玛科斯说，“您看不出来这是我父亲吗?”

但珀涅罗珀眼前只有一个衣衫褴褛的乞丐，老态龙钟、形貌丑陋、穷困潦倒，身上沾满了被他杀死的人的鲜血。但就在这时，雅典娜将她的恩典施与奥德修斯，他又一次看上去高大健壮、英姿勃发，满头金色的鬈发像风信子一样。珀涅罗珀跑到他身边，张开双臂，他们紧紧相拥而泣，就像那些遭受海难的人，在怒海中颠簸了漫长的岁月，最终还是平安返回家乡。那天晚上，当太阳在大海深处那岩石嶙峋的伊萨卡岛上落下时，奥德修斯的心中充满了喜悦，因为他知道自己漂泊的日子终于结束了。

Contents

CHAPTER
1

Land of the Lotus Eaters

In the days of long ago there reigned over Ithaca, a rugged little island in the sea to the west of Greece, a king whose name was Odysseus.

Odysseus feared no man. He was stronger and braver than other men, wiser, and more full of clever devices. Far and wide he was known as Odysseus of many counsels. His queen, Penelope, was also wise, and she was as fair as she was wise, and as good as she was fair.

While their only child, a boy named Telemachus, was still a baby, there was a very great war in Troyland, a country far across the sea.

The brother of the overlord of all Greece besieged

Troy, and the kings and princes of his land came to help him. Many came from afar, but none from a more distant kingdom than Odysseus. He left his wife and child and old father behind him, and sailed away with his ships to fight in Troyland.

For ten years the siege of Troy went on, and of the heroes who fought there, none was braver than Odysseus. Dressed as a beggar he went into the city and found out much to help the Greek armies. With his long sword he fought his way out again, and left many of the men of Troy lying dead behind him. And Odysseus did many other brave feats.

After long years of fighting, Troy at last was taken. With much rich plunder the besiegers sailed homeward, and Odysseus set sail for his rocky island, with its great mountain, and its forests of trembling leaves.

His heart was full of gladness and of longing. He loved his fair wife and little son and old father, and his little kingdom by the sea was very dear to him.

"I can see nothing beside sweeter than a man's own country," he said. Very soon he hoped to see his dear land again, but many a long and weary day was to pass before Odysseus came home.

Odysseus was a warrior, and always he would choose to fight rather than to be at peace.

As he sailed on his homeward way, winds drove his ships near the shore. He and his company landed, attacked the nearest city, and killed the people. They took much rich plunder, but before they could return to their ships, a host of people came from inland. In the early morning, thick as leaves and flowers in the spring they came, and fell upon Odysseus and his men.

All day they fought, but as the sun went down the people of the land won the fight. Odysseus and his men went back to their ships. Out of each ship, were six men slain.

While they were yet sad at heart and weary from the fight, a terrible tempest arose.

Land and sea were blotted out, the ships were driven headlong, and their sails were torn to shreds by the might of the storm. For two days and two nights the ships were at the mercy of the tempest.

At dawn on the third day, the storm passed away, and Odysseus and his men set up their masts and hoisted their white sails, and drove homeward before the wind.

So he would have come safely to his own country, but a strong current and a fierce north wind swept the ships from their course. For nine days they were driven far from their homeland, across the deep sea.

On the tenth day they reached the Land of the Lotus Eaters. The dwellers in that land fed on the honey-sweet fruit of the lotus flower. Those who ate of the lotus ceased to remember that there was a past or a future. They forgot all duties, and all sadness. All day long they would sit and dream and dream idle, happy dreams that never ended.

Here Odysseus and his men landed and drew water. Odysseus sent three of his warriors into the country to see what manner of men dwelt there. The Lotus Eaters gave their honey-sweet food to them, and no sooner had each man eaten than he had no wish ever to return to the ships. He longed forever to stay in that pleasant land, eating the lotus fruit, and dreaming the happy hours away. Odysseus dragged the unwilling men back to the ships, weeping that they must leave so much joy behind. Beneath the benches of his ship he tightly bound them, and swiftly he made his ships sail from the shore, lest others of his company might eat of the lotus and forget their homes and their kindred.

Soon they had all embarked, and, with heavy hearts, the men of Ithaca struck the grey seawater with their long oars, and sped away from the land of forgetfulness and of sweet daydreams.

CHAPTER

2

Land of the Cyclopes

On and on across the waves sailed the ships of Odysseus, until again they came to land.

It was the Land of the Cyclopes, a savage and lawless people, who never planted, nor ploughed, nor sowed, and whose fields yet gave them rich harvests of wheat and of barley, and vines with heavy clusters of grapes. These people dwelt in deep caves, high up on the hills, and each man ruled his own wife and children, but himself knew no ruler.

Outside the harbour of the Land of the Cyclopes lay a thickly-wooded island. No hunters went there, for the Cyclopes owned neither ships nor boats, so that many goats roamed unharmed through the woods and cropped the fresh green grass.

It was a green and pleasant land. Rich meadows stretched down to the sea, the vines grew strong and fruitful, and there was a fair harbour where ships might be run right on to the beach. At the head of the harbour was a well of clear water flowing out of a cave, and with poplars growing round it. Odysseus directed his ships there. It was dark night, with no moon to guide, and mist lay deep on either side, yet they passed the breakers and rolling surf without knowing it, and anchored safely on the beach.

All night they slept, and when rosy dawn came they explored the island and killed with their bows and long spears many of the wild goats of the woods.

All the livelong day Odysseus and his men sat and feasted. As they ate and drank, they looked across the water at the Land of the Cyclopes, where the smoke of wood fires curled up to the sky, and from where they could hear the sound of men's voices and the bleating of sheep and goats. When darkness fell, they lay down to sleep on the sea beach, and when morning dawned Odysseus called his men together and said to them, "Stay here, all the rest of you, my dear companions, but I will go with my own ship and my ship's company and see what kind of men are those who dwell in that land across the harbour."

So saying, he climbed into his ship, and his men rowed him across to the Land of the Cyclopes. When they were near the shore they saw a great cave by the sea. It was roofed in with green laurel boughs and seemed to be meant for a fold to shelter sheep and goats. Round about it a high outer wall was firmly built with stones, and with tall and leafy pines and oak trees.

In this cave, all alone with his flocks and herds, dwelt a huge and hideous one-eyed giant.

Polyphemus was his name, and his father was Poseidon, god of the sea.

Taking twelve of his best men with him, Odysseus left the others to guard the ship and went forth to the giant's cave. With him he carried a goatskin full of precious wine, dark red, and sweet and strong, and a large sack of corn.

Soon they came to the cave, but Polyphemus was not there. He had taken of his flocks to graze in the green meadows, leaving behind him in the cave folds full of lambs and kids. The walls of the cave were lined with cheeses, and there were great pans full of whey, and giant bowls full of milk.

"Let us first of all take the cheeses," said the men of Odysseus to their king, "and carry them, to the ships. Then let us return and drive all the kids and lambs from their folds down to the shore, and sail with them in our swift ships homeward over the sea."

But Odysseus would not listen to what they said. He was too great-hearted to steal into the cave like a thief and take away the giant's goods without first seeing whether Polyphemus might not treat him as a friend, receiving from him the corn and wine he had brought, and giving him gifts in return.

So they kindled a fire, and dined on some of the cheeses, and sat waiting for the giant to return.

Towards evening he came, driving his flocks before him, and carrying on his back a huge load of firewood, which he cast down on the floor with such a thunderous noise that Odysseus and his men fled in fear and hid themselves in the darkest corners of the cave. When he had driven his sheep inside, Polyphemus lifted from the ground a rock so huge that twenty-two four-wheeled wagons could not have borne it, and with it blocked the doorway. Then, sitting down, he milked the ewes and bleating goats, and placed the lambs and kids each beside its own mother.

He curdled and placed half of the milk in wicker baskets to make into cheeses, and the other half he left in great pails to drink when he should have supper. When all this was done, he kindled a fire, and when the flames had lit up the dark-walled cave he spied Odysseus and his men.

"Strangers, who are you?" he asked, in his great, rumbling voice. "From where do you sail over the watery ways? Are you merchants? Or are you sea robbers who rove over the sea, risking your own lives and bringing evil to other men?"

The sound of the giant's voice, and his hideous

face filled the hearts of the men with terror, but Odysseus answered,"We came from Troy, seeking our home, but driven here by winds and waves. We are men of Agamemnon, the renowned and most mightily victorious Greek general, yet we come to you and humbly beg for friendship."

At this the giant who had nothing but cruelty in his heart mocked at Odysseus. "You are a fool," said he, "and I shall not spare either you or your company. But tell me where did you leave your good ship? Was it near here, or at the far end of the island?"

But Odysseus of many counsels knew that the giant asked the question only to bring evil on the men who stayed by the ship, and so he answered, "My ship was broken in pieces by the storm and cast up on the rocks on the shore, but I, with these men, escaped from death."

Polyphemus said not one word in reply, but sprang up, clutched hold of two of the men, and dashed them on the stone floor. Then he cut them up, and made ready his supper, eating the two men, bones and all, as if he had been a starving lion, and taking great draughts of the milk from the giant pails. When his meal was done, he stretched himself on the ground beside his sheep and goats, and slept.

In helpless horror Odysseus and his men had watched the dreadful sight, but when the monster slept they began to make plans for their escape. At first Odysseus thought it might be best to take his sharp sword and stab Polyphemus in the breast. But then he knew that even if were he to slay the giant, he and his men must die. For they had no strength to roll away the rock from the cave's mouth, they must perish like rats in a trap.

All night they thought what they should do, but could think of nothing that would help, and so they could only moan in their bitterness of heart and wait for the dawn. When dawn's rosy fingers touched the sky, Polyphemus awoke. He kindled a fire, and milked his flocks, and gave each ewe her lamb. When this work was done he snatched two other men, dashed them on the stone floor, and made of them his morning meal. After the meal, he lifted the stone from the door, drove the flocks out, and set the stone back again. Then, with a loud shout, he turned his sheep and goats towards the hills and left Odysseus and his remaining eight men imprisoned in the cave, plotting and planning how to get away, and how to avenge the death of their comrades.

At last Odysseus thought of a plan. By the sheepfold there lay a huge club of green olive wood that Polyphemus had cut and was keeping until it should be dry enough to use as a staff. So huge was it that Odysseus and his men likened it to the mast of a great merchant vessel. From this club Odysseus cut a large piece and gave it to his men to fine down and make even. While they did this, Odysseus himself sharpened it to a point and hardened the point in the fire. When it was ready, they hid it among the rubbish on the floor of the cave. Then Odysseus made his men draw lots who should help him to lift this bar and drive it into the eye of the giant as he slept, and the lot fell upon the four men that Odysseus would himself have chosen.

In the evening Polyphemus came down from the hills with his flocks and drove them all inside the cave. Then he lifted the great doorstone and blocked the doorway, milked the ewes and goats, and gave each lamb and kid to its mother. This done, he seized other two of the men, dashed them on the stone floor, and made ready his supper.

From the shadows of the cave Odysseus now stepped forward, bearing in his hands an ivy bowl, full of the dark red wine.

"Drink wine after your feast of men's flesh," said Odysseus, "and see what manner of drink this was that our ship held."

Polyphemus grasped the bowl, gulped down the strong wine, and smacked his great lips over its sweetness.

"Give me more," he cried, "and tell me your name straightway, that I may give you a gift."

Again and again Odysseus gave him the bowl full of wine, until the strong wine went to the giant's head and made him stupid.

Then Odysseus said, "You asked me my name, and said that you would give me a gift. Noman is my name, and they call me Noman, my father and mother and all my fellows."

Then the giant answered out of his pitiless heart, "I will eat your fellows first, Noman, and you the last of all. That shall be your gift."

Soon the wine made him so sleepy that he sank backwards with his great face upturned and fell fast asleep.

As soon as the giant slept, Odysseus thrust into the fire the stake he had prepared, and made it red hot, all the while speaking cheeringly and comfortingly to his men. When it was so hot that the wood, green though it was, began to blaze, they drew it out and thrust it into the giant's eye. With a great and terrible cry the giant sprang to his feet, and Odysseus and the others fled from before him. Then, maddened with pain, he called with a great and terrible cry on the other Cyclopes, who dwelt in their caves on the hill-tops round which the wind swept. The giants, hearing his horrid yells, rushed to help him.

"What ails you, Polyphemus?" they asked. "Why do you cry aloud in the night and awake us from our sleep? Surely no one steals your flocks? None slays you by force or by craft?"

Polyphemus moaned from the other side of the great stone, "Noman is slaying me by craft." Then the Cyclopes said, "If no man is hurting you, then indeed it must be a sickness that makes you cry so loud, and you must bear this, for we cannot help."

With that they strode away from the cave and left the blind giant groaning and raging with pain. Groping with his hands, he found the great stone that blocked the door, lifted it away, and sat himself down in the mouth of the cave, with his arms stretched out, hoping to catch Odysseus and his men if they should try to escape. Sitting there, he fell asleep, and, as soon as he slept, Odysseus planned and plotted how best to win freedom.

The rams of the giant's flocks were great strong beasts, with fleeces thick and woolly, and as dark as the violet. Odysseus lashed every three of them together with twisted slips of willow, and under the middle ram of each three he bound one of his men. For himself he kept the best ram of the flock, young and strong, and with a fleece wonderfully thick and shaggy. Underneath this ram Odysseus curled himself, and clung, face upwards, firmly grasping the wool with his hands. In this wise he and his men waited patiently for the dawn.

When rosy dawn came, the ewes in the pens bleated to be milked, and the rams hastened out to the hills and green meadows. As each sheep passed him, Polyphemus felt along its back, but never guessed that the six remaining men of Odysseus were bound beneath the thick-fleeced rams. Last of all came the young ram to which Odysseus clung, moving slowly, for his fleece was heavy, and Odysseus whom he bore was heavier still. Polyphemus laid his great hands on the ram's back. "Dear ram," he said,"once you went the very first to lead the flocks from the cave, the first to nibble the tender buds of the pasture, the first to find out the running streams, and the first to come home when evening fell. But today you are the very last to go. Surely you are sorrowful because the wicked Noman has destroyed my eye. I wish that you could speak and tell me where Noman is hidden. Then I should seize him and gladly dash him on the floor of the cave."

Odysseus lay very still while the giant spoke, but the ram slowly walked on past the savage giant, towards the meadows near the sea. Soon it was far enough from the cave for Odysseus to let go his hold and to stand up. Quickly he loosened the bonds of the others, and swiftly then they drove the rams down to the shore where their ship lay. Often they looked round, expecting to see Polyphemus following them, but they safely reached the ship and got a glad welcome from their friends, who rejoiced over them, but would have wept over the men that the cannibal giant had slain.

"There is no time to weep," said Odysseus, and he made his men hasten on board the ship, driving the sheep before them.

Soon they were all on board, and the grey seawater was rushing off their oars, as they sailed away from the Land of the Cyclopes.

But before they were out of sight of land, the

bold Odysseus lifted up his voice and shouted across the water:

"Hear me, Polyphemus, you cruel monster! Your evil deeds were very sure to find you out. You have been punished because you had no shame to eat the strangers who came to you as your guests!"

The voice of Odysseus rang across the waves, and reached Polyphemus as he sat in pain at the mouth of his cave.

In a fury the giant sprang up, broke off the peak of a great hill and cast it into the sea, where it fell just in front of the ship of Odysseus.

So huge a splash the vast rock gave, that the sea heaved up and the backwash of the water drove the ship right to the shore.

Odysseus snatched up a long pole and pushed the ship off once more. Silently he motioned to the men to row hard, and save themselves and their ship from the angry giant.

When they were once more out at sea, Odysseus wished again to mock Polyphemus. His men begged him in vain not to provoke a monster so mighty that he could crush their heads and the timbers of their ship with one cast of a stone.

Once more Odysseus shouted across the water:

"Polyphemus, if any one shall ask you who blinded you, tell them it was Odysseus of Ithaca."

Then moaned the giant:

"Once, long ago, a soothsayer told me that Odysseus should make me blind. But ever I looked for the coming of a great and gallant hero, and now there had come a poor, feeble, little dwarf, who made me weak with wine before he dared to touch me."

Then he begged Odysseus to come back, and said he would treat him kindly, and told him that he knew that his own father, the god of the sea, would give him his sight again.

"You will have your sight no more," mocked Odysseus; "your father will never heal you."

Then Polyphemus, stretching out his hands, and looking up with his sightless eye to the starry sky, called aloud to Poseidon, god of the sea, to punish Odysseus.

"If he ever reaches his own country," he cried, "let him come late and in an evil case, with all his own company lost, and in the ship of strangers, and let him find sorrows in his own house."

No answer came from Poseidon, but the god of the sea heard his son's prayer.

With all his mighty force Polyphemus then cast at the ship a rock far greater than the first. It all but struck the end of the rudder, but the huge waves that surged up from it bore on the ship, and carried it to the further shore.

Soon they had pushed off, and were thrusting their oars into the grey seawater.

Their hearts were sore, because they had lost six gallant men of their company, yet they were glad as men saved from death.

But not even wise Odysseus knew of the vengeance of Poseidon, the sea-god, that was to follow him and to make him a sad man for ten long, weary years.

CHAPTER
3

How Odysseus Met with Circe

Odysseus and his men sailed across the grey seas, until they had left the Land of the Cyclopes far behind.

Before long they came to an island floating in the sea. Round about it was a wall of bronze, and its cliffs ran sheer up from the water.

Here lived Aeolus, the keeper of the winds. For a month the ships of Odysseus rested there, and Odysseus and his men feasted with Aeolus and his sons and daughters, and were treated as honoured guests. When Odysseus said he must again sail on his homeward way, Aeolus gave him a parting gift. This gift was a great leather bag, inside which Aeolus placed all the winds that he ruled, except the wind of the west. Securely he fastened the mouth of the bag with a silver thong and laid it in the hold of the ship in which Odysseus sailed. Then Aeolus bade the west wind blow gently and softly and carry the ships safely home to Ithaca.

For nine days and nine nights they sailed smoothly on, gently guided by the soft west wind, until the hills and woods of Ithaca were in sight, and they could see the people tending the beacon fires to drive wild beasts away from their flocks.

When home was so near, Odysseus felt that he need no longer stay awake day and night, tending, with his own hands, the sail, and guiding the ships. He was very weary, and when sleep made his eyes heavy he gave up his place at the sail to another, and lay down and soundly slept.

While he slept his men grumbled together. "Many are the rich treasures Odysseus brings home with him," said they. "He has riches of every kind from Troy, while we who also fought for Greece have nothing. And now Aeolus has given him a gift. The leather bag is certainly full of gold and silver."

Thus they talked, till their greed made thieves of them, and they brought up the leather bag from the hold to steal the treasures which they thought were hidden within.

Quickly they loosened the silver thong, and, with a mighty gust, all the winds rushed out, and swept in a hurricane across the waves, driving the ships before them.

When they saw their own homeland fading away into a little blue speck on the wind-swept sea, the men of Odysseus wept for their own folly. The sound of their weeping and the roar of the terrible gale awoke Odysseus. When he knew what had happened, his heart failed him, and he longed to throw himself into the waves and put an end to his life. But soon his courage came back, and when the storm drove the ships close to the floating island with its bronze walls, he made his men go ashore to get fresh water, and to eat and drink. When he himself had had bread and wine, he went to the palace of Aeolus. Here he found Aeolus feasting with his wife and children.

In great surprise at seeing him, Aeolus said, "How have you come here, Odysseus? What evil has hindered your safe voyage? Surely I gave you every help to take you safely to your own country and your home?"

Then Odysseus answered, "The evil deeds of my own men have brought me this harm. They set free the winds while I was sleeping."

And he begged Aeolus to help him, and to let him sail homeward in safety once more. But Aeolus would not listen.

"Leave here!" he cried in anger. "You must be a very wicked man, otherwise this evil could not have happened to you. I will not help you. Get out!"

Sadder and heavier at heart than when they landed, Odysseus and his men once more embarked on their ships and left the island. The winds blew fiercely against them, and soon they were utterly worn out and heartsick with toiling at their long, heavy oars.

For six nights and days they struggled on. On the seventh day they reached an island where lived a race of giants. Thankfully, after all their toil, the warriors saw before them a fair harbour. Its entrance was narrow, and steep cliffs ran up on either side of it, but its water was smooth as a pond, with never a little wave to ruffle it. All the ships were steered into this haven, except the ship of Odysseus. He moored his ship outside the harbour and fastened the hawser to a rock. Then he climbed a crag with some of his men so that they could look down on the island. No men or oxen were to be seen, but they saw smoke curling up above the trees.

Odysseus sent three of his men inland to see what kind of people dwelt there. They went along the track beaten by the wheels that brought wood down from the hills into the town, and presently they came near the town from where the smoke had risen. Just outside they came on a maiden drawing water from a crystal clear spring. She told the men, when they asked, that she was a princess, daughter of the king of the island, and she showed them the way to her father's palace.

She led them into the palace, and there they found the queen of the island. She was a huge, fat woman, as big as the peak of a mountain. So horrible was her appearance that when they looked at her they felt sick with fear and disgust.

As soon as she saw the three men she called to her husband. At once he rushed in, seized hold of a man, and, like a hungry lion, began to devour him. The other two fled to the ships, but the cannibal giant raised a huge war cry, and all the other giants hurried out at the sound. They ran to the cliffs, and there broke off huge rocks which they cast at the ships. The ships sank under the water, smashed like eggshells, and the noise of crashing timbers and the cries of dying men filled the air. Like men spearing fishes the giants seized the men as they floated on the waters of the harbour, and took them home to devour.

The haven that had seemed so peaceful was full of those terrible sights and sounds. Odysseus drew his sharp sword, cut his hawser, and bade his ship's company row with all their might. With one accord they dashed their oars into the water, and the ship flew forth from the great dark cliffs of the island out to the open sea. But the ship of Odysseus was the only one that escaped. The other ships were lost there, one and all.

Odysseus and his men were sad at heart because of the friends who were gone, yet they were glad as men saved from a dreadful death.

Before long they reached another island. There dwelt a great enchantress, Circe of the golden hair.

The ship of Odysseus put into a sheltering haven and Odysseus and his men went ashore. For two days and two nights they lay by the sea beach, worn out with weariness and sorrow.

When the third day dawned, Odysseus took his spear and sharp sword and climbed to the top of a craggy hill above the harbour. From there he could see the blue smoke curling up above the thick woods, in which stood the palace of Circe. Having seen this he turned back to tell his men what he had seen. As he came down the path from the hilltop, there came from his pasture in the woodland a tall stag to drink at the river. Odysseus watched him, and as he came out of the river he cast his spear at him, and killed him with one blow.

Then he made a rope of twisted slips of willow, and slung the great beast with it across his back. Walking heavily under his load, he carried the stag to where his ship's company, sad and worn, lay by the sea.

"Take heart, my friends," said he, "we are not yet going to die. Look at the food I have brought, and let us eat and drink."

The men roused themselves to gaze with wonder and delight at the noble stag which Odysseus had cast down on the sea beach. They prepared a meal of its flesh, and all day they feasted on it and on the sweet wine from their ship. When darkness fell, they lay down to sleep by the sea, and slept until rosy dawn.

When Odysseus awoke, he said to his men, "Hear my words, my friends. We do not know where the sun rises or where it sets, and all I know of this land is what I saw yesterday from the hill I climbed. All round it lies the sea, and from the thick woods in its middle I saw the smoke curling upwards. So, all round us, we have sea and skies, and a land we do not know."

When the men heard this, they sobbed aloud, for the terrors they had endured had robbed them of their courage.

But Odysseus was brave as before. He divided his men into two companies. He himself commanded one company. His kinsman, Eurylochus, commanded the other. They then drew lots who should explore the island. The lot fell to Eurylochus, and he set out with twenty-two men.

In the thick of the forest Eurylochus found the palace of Circe, built of polished stone. A great cleared space lay in front of the palace, and backwards and forwards in this clearing roamed wolves and lions, whom Circe herself had bewitched.

Like dogs that fawn on their master when he comes home, these wild beasts fawned on Eurylochus and his men, wagging their long tails and jumping up on them. At the outer door of the palace the men stood, frightened at these strange and terrible creatures. And from within they heard a silvery voice singing a song so sweet that it stole men's hearts away. It was Circe who sang, singing as she weaved a web of wonderful beauty.

Then the man who was the dearest to Odysseus, said to the others, "Let us cry aloud to this woman who is weaving, and who sings so sweet a song."

So they called to her, and Circe came forth and opened the shining doors, and, shedding the beauty of her wonderful face on them, she gently bade them enter. Heedlessly they followed her, all but Eurylochus, who, remembering the giant's fair daughter feared she might betray them.

She led them into her palace hall, and made them sit on the high seats there. Then she gave them cheese, and barley-meal, and fragrant yellow honey and rich wine, and with their food and wine she mixed harmful drugs that made them utterly forget their own country. Then she struck them with her magic wand, and in one moment they were turned into swine. They were four-footed, bristly, and snouted, and yet with their own minds inside their ugly bodies. And she penned them into pigsties, and flung them acorns and other food fit only for pigs.

Long and fearfully Eurylochus waited outside the door of the palace, but when his companions did not return he went back to the ship.

At first he was so full of grief that he could not speak a word, nor tell his story. At length he was able to tell what had happened. When Odysseus heard how his men had entered the palace but never returned, he flung over his shoulder his silver-studded sword with its great blade of bronze, slung on his bow, and bade Eurylochus lead him by the way he had come.

But, clinging to his knees, Eurylochus begged Odysseus in great fear to leave him behind.

"I know that you yourself shall return no more," he said. "You can't bring back any one of your men."

"Stay here, then, by the ship, eating and drinking," said Odysseus scornfully. "As for me, I will go."

All alone he went up from the seashore, through the green woods to the enchanted palace.

As he drew near, a fair lad bearing a golden wand came to meet him. Hermes was his name, and he was the messenger of the gods.

Taking Odysseus by the hand, he gently told him how Circe had bewitched his men and turned them into swine, and how Circe would try to serve Odysseus in the same way that she had served them. She would give him food mixed with evil drugs, and when he had eaten she would strike him with her magic wand, and send him grunting to a sty.

"But I will save you," said Hermes, "and prevent Circe from doing you harm."

With that he gave Odysseus a strange plant, black at the root, but with a flower as white as milk. Moly, he called it, and it was so hard to dig that mere men were scarcely able to dig it. He told Odysseus that if he carried the Moly with him, Circe would not be able to enchant him.

"When Circe strikes you with her long wand," said he, "then draw your sharp sword and spring on her as if you would slay her. Then she will shrink away in fear, and afterwards she will treat you kindly. Only you must make her promise that she will plan no more mischief against you."

Then Hermes of the golden wand went away through the trees, and Odysseus held on his way to the palace.

At the gates of the palace he stood and called aloud. Soon the shining doors were swung open, and beautiful, wicked Circe, with her golden hair hanging round her false, fair face, came and led him in.

She made him sit on a carved chair, studded with silver, and brought him a golden cup full of her drugged wine.

When he had drunk of it, she struck him with her wand, and said, "Go now to the sty, and lie there with the rest of your company."

At that Odysseus did as Hermes had bidden, and, drawing his sharp sword, he rushed at Circe as if to slay her.

With a great cry, Circe slipped to the ground and

clasped Odysseus round the knees.

"There is no man except one who is great enough to be proof against the charm which you have drunk," she cried. "Truly you must be Odysseus of whom Hermes of the golden wand has often told me. He said you would come in your swift ship from Troy. Sheathe your sword, I pray you, Odysseus, and let us be at peace."

Then Odysseus said, "How can you bid me be at peace with you, Circe, when you by your wicked magic have turned my men into swine? How can I trust you?"

Then Circe solemnly promised to do Odysseus no harm, and to let him return in safety to his home.

Quickly her servants spread fair linen on the floor, and covered the chairs with covers of rich purple. They drew up tables of silver near the chairs, and on them placed golden dishes full of tempting food, and silver bowls and golden cups full of sweet wine. They also made ready a warm bath for Odysseus, and when he had bathed they brought him a fair mantle and tunic. Then Circe made him sit on a beautiful chair, inlaid with silver, and with a footstool at his feet. A maid brought water in a golden ewer and poured it into a silver basin for him to wash his hands, and served him with every kind of dainty. But Odysseus could not eat. His mind was full of care, and he thought sadly of his friends who were even then penned like swine in a sty.

"Why are you so sad and silent, Odysseus?" asked Circe. "Why don't you eat? Are you afraid that I will deceive you and harm you? No, you have no cause for fear, for I have sworn I will do you no hurt."

Odysseus answered, "How can I be happy, and eat and drink, when I have not yet freed my dear friends? If you will set them free, then indeed I shall know that you will keep the promise you have made."

Then Circe went through the great hall to the sty where the bewitched men were imprisoned. She opened the doors of the sty and waved her wand, and when the swine came out she touched each one with a charm that made its bristles and pig's body and face disappear. And they became men again, and looked even handsomer and stronger than before.

When they saw Odysseus, they ran to him and took his hands, and wept for joy. And even Circe's hard heart was melted at their gladness, and tears came into her eyes.

Then Circe asked Odysseus to bring up his men from the seashore that they might all feast together. Down by the ship he found them sorrowing, because they feared they should see him no more. So dearly did they love Odysseus that they were glad when they saw him safe and well, as if they had themselves safely returned to their own homeland. When he told them to draw the ship on shore, and hide their goods in the sea caves, and come and feast in Circe's palace, they gladly obeyed. Eurylochus alone, who did not wish to go, tried to prevent the others from going. "We are wretched men!" he cried. "Odysseus is always foolhardy, and always leading us into danger. It was he who put us into the power of the Cyclopes, and now he leads us to the enchantress, Circe, who will surely turn us all into swine, or wolves or lions to guard her palace."

So angry was Odysseus at these words that he laid his hand on his sword, and would have cut off the head of Eurylochus. But the other men of his company pleaded for mercy for him.

"Leave Eurylochus here to guard the ship," they said, "but lead us to the palace of Circe."

And Eurylochus, ashamed, did not stay by the ship, but went with the others. When they reached the palace, Circe provided warm baths and rich clothes for the tired and hungry men, and made them a great feast.

And when Odysseus saw them all safe and happy, he, too, was happy, and ate of the banquet that Circe had made for him.

For a whole year Odysseus and his men stayed in the palace, feasting and resting. But when a year was gone, and the long summer days had returned once more, his men came to Odysseus and said:

"Surely it is high time for us to think of our own homes, and our own dear land. Are we to stay here evermore?"

That night Odysseus said to Circe, "Circe, you

promised to let me return to my own country. My men and I long with a great homesickness to see our land again. Will you let us go?" Circe said, "You shall stay no longer in my house against your will, Odysseus."

So when some days had passed, and when Circe had told Odysseus of many dangers he would meet on his homeward voyage, and warned him how best to escape from them, Odysseus said farewell to the enchantress.

"If you or your men do what I have warned you not to do," she said, "ruin will come upon your ship, and on your men. And you, Odysseus, even though you should yourself escape, shall return to Ithaca late, and in evil plight, and with the loss of all your company."

When dawn was turning the tops of the trees on the enchanted island into gold, Odysseus and his men got on board their ship. They thrust their oars deep into the grey seawater, but soon they ceased to row, for Circe sent a kindly wind to fill the sails and carry Odysseus safely home. As the ship flew swiftly through the water, like a bird that swims through the waves, Circe of the golden hair walked up from the shore, through the green woods, to the enchanted palace. Her heart was sad at the parting, and perhaps she grieved for the evil she had done.

CHAPTER

4

Odysseus Escapes from Sirens

On an island in the blue sea through which the ship of Odysseus would cut its homeward way, lived some beautiful mermaids called Sirens.

The Sirens' lovely voices were even more beautiful than their faces.

In the flowery meadows of their island they sat singing their sweet songs, and the sailors whose ships were passing could not forbear to go on shore, and there were they slain by the wicked mermaids. All round them in the meadows where the Sirens sat were the bones of the men they had slain. But the foolish sailors did not see these. They only saw the bright-coloured flowers, and the mermaids' lovely faces and long, golden hair. And the songs, whose melody mingled with the sound of the little white-fringed waves that swished up on the yellow sand, stole their hearts away.

Circe had warned Odysseus against these mermaids, and he repeated her warnings to his men.

A gentle breeze sped the ship of Odysseus quickly on its way, but as they neared the island the Sirens by their spells sent a dead calm and the waves were lulled to sleep. Not a breath of air filled the white sails, so the men drew them in and stowed them in the hold, and rowed with their long oars until the green water grew white.

Meantime Odysseus, as Circe had bidden him, took a great piece of wax, cut it in pieces with his sharp sword, and quickly moulded it with his strong hands.

Soon the wax grew warm and soft, and then he filled the ears of each one of his men with it. He himself used no wax, but made his company bind him to the mast.

"If, when I hear the voices of the mermaids, I struggle and sign to you to set me free, then bind me with more bonds," said Odysseus.

"Drive your ship swiftly past the island," Circe had said. So the men bent to their oars and struck the grey seawater.

The ship drove past the island, but the Sirens seeing it began their sweet song. "Come here, come here, brave Odysseus," they sang. "Stop your ship here and listen to our song. No one has ever passed this way in his ship till he has heard from our lips the music that is sweet as honeycomb, and has had joy of it, and gone on his way the wiser. All things are known to us. We will sing to you of your great fights and victories in Troyland. We shall sing of all the things that shall be hereafter. Come here, come here, Odysseus!"

So sweet and so full of magic were their voices, that when Odysseus had heard their song, and seen them smilingly beckoning to him from among the flowers, he tried to make his men unbind him.

Frowning and nodding, he signed to them to set

him free, but Eurylochus and another rose from their places and bound him yet more tightly to the mast. The men themselves, deafened by the wax, heard none of the song and wished not to stop, but stoutly rowed onward.

When the island was left behind, and Odysseus no longer heard the silvery voices, but only the moan of the waves far away and the rush of the water off the oars, the men took the wax from their ears and unbound their captain.

Soon they heard a sound far different from the song of the Sirens.

"You shall pass the Wandering Rocks," Circe had said. "There great and furious waves dash themselves up on the rugged cliffs. Even the wild birds cannot fly past them, but are beaten down by the force of the spray. The whirlpool beside them tosses up and churns about continually the planks of the ships and the bodies of the men it has destroyed."

When Odysseus heard the thunder of the sea and saw mighty waves rushing and roaring against the rocks, and the smoke of the spray dashing up into the sky, he knew that they had reached the Wandering Rocks.

So terrible were the sights and sounds that the men let the oars slip from their hands, and stared and listened in horror.

But Odysseus paced along the ship and spoke cheering words to them.

"This is no greater woe," he said, "than what we bore when we were penned into his cave by the cannibal giant. From that cave we escaped, and someday I think we shall also be able to talk of this adventure. Only do now as I say. You oarsmen, drive your oars deep and strongly into the angry surf and row with all might. And you at the helm, keep the ship well away from the great waves and the spray, and hug the rocks. So we may escape even from this danger."

But the Wandering Rocks were not the only danger there for the ship. Beyond them were yet two huge rocks between which the sea swept.

One of these, a dark and dreadful peak, ran

straight up to the sky. Over it hung a black cloud even in the fairest summer weather. No mortal could climb it, not even if he had twenty hands and feet, for it was smooth and slippery as glass. In this cliff was a dark cave in which lived a horrible monster called Scylla. All day and all night she yelped like a savage dog. She had twelve feet and six heads, each head with three rows of sharp teeth. She was hidden up to her waist in the darkness of the cave. Her six heads, with their long necks, constantly swooped and craned and darted out like great fierce birds, and seized all the dolphins and sea dogs, and big fishes that came within reach. When ships passed near her cave Scylla had a feast, for with each head she would seize a sailor and crunch him up with her horrid teeth.

Opposite this cliff was another rock, on which grew a great fig tree in full leaf. Beneath it dwelt another monster, Charybdis. Three times a day Charybdis sucked down the salt seawater, and three times a day she forced it out again from her black cave under the sea. If a ship passed while she sucked, it was drawn down into the dreadful gulf where the monster lived, and only its fragments were tossed up in the boiling surf.

Odysseus spoke to his men of the Wandering Rocks, but he dared not tell them of Scylla and Charybdis lest, in their terror, they should cease to row, and hide themselves in the hold.

When Circe warned him of the dangers he would meet, he asked her how he could best escape from Scylla and Charybdis.

"Scylla is no mortal," Circe had said. "She cannot be fought with, and there is no defence against her. Do not tarry to put on your armour and to fight. Drive past her with all your force." But when the noise of the furious sea and the hideous yelping of Scylla were in his ears, Odysseus forgot what Circe had said. He hated Scylla so much that he longed to slay her. Hastily he put on his shining armour and caught up two long lances, ready to fight with the monster of the rock.

His eyes grew weary when peering into the darkness of the cave from where he expected her hideous heads to dart, but he saw nothing, and turned away at last to gaze at the black whirlpool of Charybdis.

White-faced with the terror of it the men rowed steadily, while Charybdis gulped down the water and threw it up again in swirling surf and spray that dashed to the tops of the cliffs. They rowed their ship past the Wandering Rocks in safety. They had pulled almost past the black cliff of Scylla, almost past the fierce whirlpool, when six monster heads swooped out from the blackness of the cave. In a moment six of the men were seized and borne aloft, struggling in the greedy jaws of Scylla, and crying pitifully to Odysseus for help.

But no help could Odysseus give. The monster had her meal, and evermore Odysseus remembered the sight of the death of his six brave men as the most pitiful thing he had ever seen.

At last, when the rocks were left behind, the ship came to a fair island where grazed the sacred cattle of the god of the Sun.

"Hurt not the cattle on that fair island,"Circe had said,"for if you hurt them ruin shall come on your ship and your men, and even though you should yourself escape, you shall return home in evil plight, with the loss of all your company."

The lowing of the cattle, as the ship went near the fair island, made Odysseus think of the evils that might come, and he begged his men to row on past the island.

Then Eurylochus spoke. "Surely you are made of iron and your limbs are never weary, Odysseus," he said."Your men are worn out, yet instead of letting them land and allowing them to prepare a good supper, you drive them on. You order us row blindly through the black night, and go wandering on the misty deep. In the night blow the winds that wreck ships. How shall we weary men escape if a sudden fierce wind should blow? Let us rather rest here and have supper. In the fair morning light we will start again and row homeward across the sea."

The tired men gladly agreed with Eurylochus.

Then said Odysseus:

"Promise, then, that none of you will slay any of the sacred oxen of the Sun, but that you will be content to eat of the food we have with us."

Straightway they promised, and the ship was anchored in a little harbour near where was a well of sweet water, and soon they had supper ready on the shore.

As darkness fell, they talked much of the dear friends that Scylla had devoured, and, weeping for their loss, they fell asleep.

A great storm raged through the night, but dawn broke rosy and clear. When it was morning they dragged the ship ashore and hid it in a hollow cave.

All that day a strong south wind blew, and every day for a month it never ceased.

And they dared not go afloat again because of the fierceness of the gales.

At first the men had plenty of food and were well content. But presently the food began to fail, and they had to try to catch fish, and to wander on the island and try to kill birds to eat, for hunger gnawed them.

One day when they were all very hungry Odysseus left his men by the sea, and went away to the middle of the island by himself that he might think what to do, and how they might best return home.

But he was so hungry and so tired that he fell asleep while he was thinking, and while he slept Eurylochus made mischief, as was his habit.

"Shall we die of hunger?" he said to the others, "and yet we have good food so near us? Let us slay some of the best of these straight-horned cattle. When we are home at Ithaca let us build a splendid altar to the god of the Sun and give him many rich gifts. But if he should be angry at us for slaying the cattle, and should wreck our ship, far better that we should die in this way than that we should slowly starve to death on this desert island."

The men quickly did as Eurylochus advised. The finest of the cattle that were feeding near were slain, and soon savoury pieces of their flesh were roasting on spits at the fire which had been kindled.

While they feasted Odysseus awoke and hurried down to the shore. As he drew near, the smell of the roasting flesh met him, and he groaned aloud with horror.

One by one he rebuked his men, but it was too late. The cattle were dead and gone, and the evil could not be mended.

Already the men regretted what they had done, for strange and fearful things happened. The skins of the dead beasts were creeping, the flesh bellowed upon the spits as it was being cooked, and a sound as of the lowing of many cattle filled the air.

But they hardened their hearts, and for six days their feast went on. On the seventh day the wind at last ceased to blow heavy gales, and Odysseus and his men launched their ship and hoisted its white sails, and soon had left the island far behind.

When they were out of sight of all land, and saw only sky and sea, a dark cloud appeared over the ship, and the water darkened beneath it.

Then, on a sudden, with a shrill scream, a great tempest burst upon them. The mast snapped before its furious rush and fell with a crash on the pilot, crushing in his head, so that he dropped, like a diver, into the sea.

At that minute a mighty thunderbolt struck the

ship, filling it with flame and sulphur, and making it reel over to one side. The men fell from it into the sea, and for one moment Odysseus saw them, like seagulls, borne aloft on the great waves round the ship. Then they sank, and he never saw them again.

Still Odysseus paced his ship, till the storm and the sea had smashed her into pieces. Then he lashed the keel and the mast together, and, sitting on it, was driven onward by the furious winds.

All night he was carried swiftly on. When the sun rose he found that the winds and the waves had carried him close to Scylla and Charybdis.

The black whirlpool of Charybdis gaped to swallow him. But as the piece of wreckage to which he had clung went down into the gulf Odysseus made a mighty leap and seized hold of the fig tree that grew on the cliff. He held on to it like a bat until Charybdis had cast up again the piece of broken mast.

The moment it appeared Odysseus let himself drop into the sea just beyond it. Climbing on to it, he rowed hard with his hands. Scylla was not on the outlook, or it would have gone ill with him, but he safely escaped from her and from Charybdis.

For nine days and nights he was tossed by the waves. On the night of the ninth day the mast drifted to the shores of an island, and Odysseus, little life left in him, crawled on to the dry land.

CHAPTER

5

How Odysseus Left Calypso

Calypso of the braided hair was a goddess feared by all men. It was to her island that the piece of wreckage to which Odysseus clung drifted on the ninth dark night after his ship was wrecked.

At night the island looked black and gloomy, but in morning light, when Odysseus felt life and strength coming back to him, he saw that it was a beautiful place.

In the sunlight, the grey, cruel sea was violet blue, and violets blue as the sea grew thickly in the green meadows. From the sea shore he walked inland until he came to a great cave, and in the cave sat Calypso, the beautiful goddess with the braided hair.

On the hearth a great fire burned, and the fragrance of the burning cedar and sandalwood could be smelt afar off on the island. Calypso, wearing a shining robe and a golden girdle, was weaving with a shuttle of gold and singing as she wove. Round about the cave alders and poplars and sweet-smelling cypresses grew, and in them roosted owls and falcons and chattering sea crows, and the long-winged, white-plumaged seabirds. A vine with rich clusters of grapes climbed up the cave, and four fountains of clear water played beside it.

Odysseus knew that Calypso was a goddess that all men feared, but he soon found that he had nothing to fear from her, save that she should keep him on her island for evermore. She tended him gently and lovingly until his weariness and weakness were gone and he was as strong as ever.

But although he lived by the meadows where the violets and wild parsley grew, and had lovely Calypso to give him all that he wished, Odysseus had a sad and heavy heart.

"Stay with me, and you shall never grow old and never die," said Calypso.

But a great homesickness was breaking the heart of Odysseus. He would rather have had one more glimpse of his rocky little kingdom across the sea, and then have died, than have lived forever and forever young in the beautiful, flowery island.

Day after day he would go down to the shore and stare with longing eyes across the water. But eight years came and went, and he seemed no nearer escape.

Yet, although he did not know it, the days of the wanderings of Odysseus were soon to end.

It was Poseidon, the god of the sea, who had sent all his troubles to Odysseus, because he had blinded his son, the wicked cannibal giant.

It was the grey-eyed Athene, a goddess who had always been the friend of Odysseus, who helped to bring him home. When she saw him daily sitting by the sea, gazing across the water with great tears rolling down his face, her heart was filled with pity.

She knew, too, what troubles his wife and son were having in Ithaca while Odysseus was far away, and at length she went to the gods and begged them to help her to send Odysseus safely back to his kingdom.

Poseidon had gone to a far-distant land. When the gods knew through what bitter sorrows Odysseus had passed, and how his heart ached to look once again even on the blue smoke curling up above the woods in Ithaca, they took pity on him.

They called Hermes of the golden wand, their fleet-footed messenger. On his feet Hermes bound his golden sandals that never grew old, and that bore him safely and swiftly over wet sea and dry land. In his hand he took his golden wand, with which he could lull people to sleep. Like a seabird that chases the fish through the depths of the sea, and dips its white plumage in the rolling breakers, Hermes sped over the waves.

When he had reached the island of Calypso, he walked through the meadows of violets to the cave. But Odysseus was not there. Down by the rocky shore he sat, looking wistfully over the wide sea, while the tears rolled down his face and dripped on the sand. Calypso was in the cave, weaving with her golden shuttle, and singing a sweet song. She gave food and wine to Hermes. When he had eaten and drunk he gave her the message of the gods.

When she heard that the gods commanded her to let Odysseus go safely home, Calypso was very sad.

"You gods are hard and jealous," she said. "It was I who saved Odysseus as he clung to the piece of wreckage that drifted in the sea, and guided him safely to my island. Ever since I have been kind to him and have loved him, and now you are taking him away from me. But how can I send him? I have no ships or men to take him back to Ithaca."

"If you do not send him, you will anger all the gods," said Hermes, "and greatly they will punish you."

Then Hermes sped away across the violet meadows and the violet-blue sea, and Calypso went down to where Odysseus sat on the shore.

"Sorrow no more, poor man," she said, "for now,

with all my heart, I will send you home. Arise, and cut long beams. With your axe make a wide raft and lay cross planks above for a deck. On it I shall place food and water, and give you clothing, and send a fair wind, so that you may go safely to your own country. For such is the will of the gods. They are stronger than I am."

"But surely you are planning mischief," Odysseus said. "You told me to cross the mighty sea in a little raft. I would not go aboard a raft, unless you should give me your promise not to plan secretly my ruin."

Calypso smiled, and gently laid her hand on his shoulder.

"I give my promise," she said. "I am planning for you as I should plan for myself were I in a like case. My heart is not of iron, Odysseus, but pitiful as yours."

Then she gave him a great, double-edged axe of bronze, with a strong handle of olive wood, and a polished adze. She led the way to the border of the island, where grew tall trees, alders and poplars and pines. When she had shown him where the tall trees grew, she went home.

Odysseus went gladly and quickly to work. With his axe of bronze he soon had felled twenty great trees and had trimmed and neatly planed them. When that was done, Calypso brought him other tools, and bolts, and a web of cloth to make sails. He made his raft skilfully and well. In four days his work was done, and he drew the vessel down with rollers to the sea.

On the fifth day, when Calypso had given him new warm clothes, and had put plenty of corn and wine and water, and many dainties that she knew Odysseus liked, in the raft, she said farewell. She sent a gentle breeze to blow, and Odysseus rejoiced as the wind filled his sails and carried him away from the island. Calypso had told him what stars he must use as his guides, and he followed all her advice, and so in eighteen days he saw land appear.

It was the Land of the Phaeacians, who were famous sailors, and it looked like a shield lying in the misty sea.

But just when safety and home seemed very near

Odysseus, his enemy, Poseidon the sea-god, returned from his wanderings in far-off lands.

When he saw Odysseus peacefully sailing towards the Land of the Phaeacians, he knew that while he had been away the gods must have changed their minds, and were sending Odysseus safely home.

"Ha!" said the angry god. "Odysseus thinks all his sorrows are over. But I think I can drive him far enough in the path of suffering."

With that he gathered the clouds into great stormy masses, and roused up the waters of the deep. Soon the thick black mist hid both land and sea. He let loose all the fierce storms and wild winds, and made the dark night rush down. The winds fought and clashed together and made the sea swell up into furious billows that rolled onward, mountain high, towards the shore.

Then the heart of Odysseus failed him. "I am a wretched man," he said. "I would that I had met my death fighting in Troyland, and been buried like a brave soldier there."

As he spoke, a mighty wave struck the raft and

rushed over it. The helm was torn from his hand, the mast was broken in two, the sail and yardarm were hurled far away, and Odysseus was swept into the sea.

For long the weight and force of the huge wave kept him under, and his clothes were so heavily clogged with water that they made him sink. But at last he came up, and spat from his mouth the bitter salt water that streamed down his face and head. Even then he did not forget his raft, but made a spring after it in the waves, clutched hold of it, and climbed in again.

The great waves carried it here and there. Like a scrap of thistledown chased before the winds, so was the raft of Odysseus driven. The south wind would toss it to the north, and again the east wind would cast it to the west to chase.

So pitiful was the sight of brave Odysseus thus tortured by the vengeful god of the sea, that a fair sea nymph felt sorrow for him.

Rising like a white-winged seagull from the waves, she climbed on to the raft and spoke to

Odysseus.

"The sea-god shall not slay you," she said. "Do as I tell you and you shall not die. Cast off these heavy, water-logged clothes, leave the raft to drift, and swim with all your strength to the land. Take now my veil and wind it round you. With it on you shall be safe, and when you grasp the mainland with your hands, turn your head away and let the veil fly back to the sea."

With that she gave him her veil and dived like a bird into the water, and the dark waves closed over her.

But Odysseus did not believe in her kindness.

"The gods have made a new plot for my ruin," he thought. "I will not obey this sea nymph. I shall do this—as long as the timbers of my raft hold together, I will stay here. But if the storm shall drive the raft in pieces, then I shall swim, for there is nothing else to do."

Then the god of the sea stirred up against him a wave more terrible than any that had gone before, and struck the raft with it. Like chaff scattered by a great wind, so were the planks and beams of the raft scattered here and there. But Odysseus laid hold on a plank and got on it, as he might have ridden a horse. He stripped off his wet clothes and wound round him the sea nymph's veil. Then he dropped from the plank, and swam with all his might.

The god of the sea saw him and scornfully wagged his head.

"Go wandering over the sea, then," he said, "until you find help."

Then he lashed his seahorses, with their flowing white manes, and drove away to his own home far below the sea.

But Athene also saw Odysseus and ordered all the winds be still but the swift north wind. "Blow hard, north wind," she said, "and break the way before Odysseus till you have carried him on to the Land of the Phaeacians."

For two days and two nights Odysseus was borne onward on the swell of the sea.

When the third day dawned the breeze fell and there was a breathless calm, and he saw the land very near. With his heart near bursting with joy he swam on until he could see the trees on the shore.

Just then he heard such a great sound, and knew it was the thunder of the sea against a reef. Soon he saw that on that coast there were no harbours, nor any shelter for ships, but only jutting headlands and reefs, and great, rugged crags against which the sea broke thundering and crashing, and surging back in angry foam.

Then Odysseus thought, "At last I have had a sight of the land, but there is no way to escape from the grey waters. If I try to land, the waves will dash my life out on those jagged rocks. If I swim further round the coast and try to find some inlet, then the storm winds may catch me again and bear me onward far from the land, or the sea-god may send a monster from the shore water to devour me."

But as he was thinking, a great wave bore him to where the breakers thundered on the reef. All his bones would have been broken, and his life dashed from his body, if Athene had not put a thought into his heart. As he was swept in with the rush of the wave, he clutched hold of the rock and clung there till the wave had gone by. But the fierce backwash rushed on him, and the furious surge tore off his clinging fingers and cast him into the sea. With bleeding hands he sank under the great waves, and might have perished there, had not Athene once again whispered to him. He rose and swam outside the line of breakers, always looking for some inlet, until at length he came to where a fair river joined the sea.

Then Odysseus called aloud to the river and begged it to have pity on him, and to let him at last get safely to the land.

And the river was kind, and made the water smooth, and bore him up in its shining stream until he had reached the shore.

His body was all bruised and swollen. Great streams of salt water gushed from his nostrils. But he lay on dry land at last, his breath and speech gone, almost passing out. When he came to himself, he took the sea nymph's veil and let it fall into the river. Swiftly it swept down the stream, and the nymph rose from the sea, caught it in her hands, and bore it away. Then Odysseus, kneeling down among the reeds by the river, kissed the earth for very gladness and thankfulness of heart.

"The river breeze blows shrewd and chill in the morning," he thought, "and the frosty night down here by the river might kill me."

So he climbed up the hillside to a shady wood, and crept under the shelter of two olive trees that grew so close together that no keen wind, nor sun, nor rain could pierce them.

There he made himself a bed of dry leaves, and lay down and heaped over himself the warm and fragrant covering.

Then Athene sent sleep to close his eyes, and at last warmth and comfort and happy dreams made him forget all the terrible things through which he had passed.

CHAPTER
6

How Odysseus Met with Nausicaa

In the Land of the Phaeacians there dwelt no more beautiful or any sweeter maiden than the king's own daughter. Nausicaa was her name, and she was so kind and gentle that everyone loved her.

The north wind had driven Odysseus to the Land of the Phaeacians, and while he lay asleep in his bed of leaves under the olive trees, the goddess Athene went to the room in the palace where Nausicaa slept, and spoke to her in her dreams.

"Someday you will marry, Nausicaa," she said, "and it is time for you to wash all the fair clothing that is one day to be yours. Tomorrow you must ask the king, your father, for mules and for a wagon, and drive from the city to a place where all the rich clothing may be washed and dried."

When morning came Nausicaa remembered her dream, and went to tell her father.

Her mother was sitting spinning yarn of sea-purple stain, and her father was just going to a council meeting.

"Father, dear," said the princess, "could you lend me a high wagon with strong wheels that I may take all my fair linen to the river to wash. I shall take all yours, too, so that you shall go to the council in linen that is snowy clean. I know that my five brothers will also be glad if I wash their fine clothing for them."

She said this, for she felt too shy to tell her father what Athene had said about her getting married.

But the king knew well why she asked. "I will give you mules and anything else, my child," he said. "Go, bid the servants prepare a wagon."

The servants quickly got ready the finest wagon that the king had, and harnessed the best of the mules. And Nausicaa's mother filled a basket with all the dainties that she knew her daughter liked best, so that Nausicaa and her maidens might feast together. The fine clothes were piled into the wagon, the basket of food was placed carefully beside them. Nausicaa climbed in, took the whip and shining reins, and touched the mules. Then with clatter of hoofs they started.

When they came to the beautiful, clear river, among whose reeds Odysseus had knelt the day before, they unharnessed the mules and drove them along the banks of the river to graze where the clover grew rich and fragrant. Then they washed the clothes, working hard and well, and spread them out to dry on the clean pebbles down by the seashore.

Then they bathed. And when they had bathed they took their midday meal by the bank of the rippling river.

When they had finished, the sun had not yet dried the clothes, so Nausicaa and her maidens began to play ball. As they played they sang a song that the girls of that land would always sing as they threw the ball to one another. All the maidens were fair, but Nausicaa of the white arms was the fairest of all.

From hand to hand they threw the ball, growing always the merrier. When it was almost time for them to gather the clothes together and go home, Nausicaa threw it very hard to one of the others. The girl missed the catch. The ball flew into the river. As it was swept away to the sea, the princess and all her maidens screamed aloud.

Their cries awoke Odysseus, as he lay asleep in his bed of leaves.

"I must be near the houses of men," he said. "Those are the cries of girls at play."

With that he crept out from the shelter of the olive trees.

He had no clothes, for he had thrown them all into the sea before he began his terrible swim for life. But he broke off some leafy branches and held them round him, and walked down to where Nausicaa and her maidens were.

He looked like a wild man of the woods. When they saw him coming the girls shrieked and ran away.

Some of them hid behind the rocks on the shore, and some ran out to the spits of yellow sand that jutted into the sea.

Although his face was marred with the sea-foam that had crusted on it, and he looked a terrible, fierce, great creature, Nausicaa was too brave to run away.

She stood there shaking, and watched him as he came forward, and stood still a little way off.

Then Odysseus spoke to her, gently and kindly, that he might take away her fear.

He told her of his shipwreck, and begged her to show him the way to the town, and give him some old garment, or any old wrap in which she had brought the linen, so that he might have something beside leaves with which to cover himself.

"I have never seen any maiden half so beautiful as you are," he said. "Have pity on me, and may the gods grant you all your heart's desire."

Then Nausicaa said, "It seems that you are no evil man, stranger. I will gladly give you clothing and show you the way to the town. This is the Land of the Phaeacians, and my father is the king."

Then she called her maidens:

"Why do you run away at the sight of a man? Do you take him for an enemy? He is only a poor shipwrecked man. Come, give him food and drink, and fetch him clothing."

The maidens came back from their hiding places, and fetched some of the garments of Nausicaa's brothers which they had brought to wash, and laid them beside Odysseus.

Odysseus gratefully took the clothes away, and went off to the river. There he plunged into the clear water, and washed off the salt crust from his face and limbs and body, and the crusted foam from his hair. Then he put on the beautiful garments that belonged to one of the princes, and walked down to the shore where Nausicaa and her maidens were waiting.

Odysseus looked so tall and handsome and strong, with his hair curling like hyacinth flowers round his head, that Nausicaa said to her maidens, "This man, who seemed to us so dreadful so short a time ago, now looks like a god. I would that my husband, if ever I have one, should be like him."

Then she and her maidens brought him food and wine, and he ate hungrily, for it was many days since he had eaten. When he had finished, they packed the linen into the wagon, and yoked the mules, and Nausicaa climbed into her place.

"So long as we are passing through the fields," she said to Odysseus, "follow behind with my maidens, and I will lead the way. But when we come near the town with its high walls and towers, and harbours full of ships, the rough sailors will stare and say, 'Has Nausicaa gone to find herself a husband because she scorns the men of Phaeacia who would wed her? Has she picked up a ship-wrecked stranger, or is this one of the gods who has come to make her his wife?' Therefore do not come with us, I pray you, for the sailors to jest at. There is a fair poplar grove near the city, with a meadow lying round it. Sit there until you think that we have had time to reach the palace.

"Then seek the palace. Any child can show you

the way. When you arrive at the outer court, pass quickly into the room where my mother sits. You will find her weaving yarn of sea-purple stain by the light of the fire. She will be leaning her head back against a pillar, and her maidens will be standing round her. My father's throne is close to hers. But pass him by, and cast yourself at my mother's knees. If she feels kindly towards you and is sorry for you, then my father is sure to help you to get safely back to your own land."

Then Nausicaa struck her mules with the whip, and they trotted quickly off, and soon left behind them the silver river with its whispering reeds, and the beach with its yellow sand.

Odysseus and the maidens followed the wagon. Just as the sun was setting they reached the poplar grove in the meadow.

There Odysseus stayed until Nausicaa should have had time to reach the palace. When she got there, she stopped at the gateway, and her brothers came out and lifted down the linen, and unharnessed the mules. Nausicaa went up to her room, and her old nurse kindled a fire for her and got ready her supper.

When Odysseus thought it was time to follow, he went to the city. He marvelled at the great walls and at the many gallant ships in the harbours. But when he reached the king's palace, he wondered still more. Its walls were of brass, so that from outside, when the doors stood open, it looked as if the sun or moon were shining within. A frieze of blue ran round the walls. All the doors were made of gold, the doorposts were of silver, the thresholds of brass, and the hook of the door was of gold. In the halls were golden figures of animals, and of men who held in their hands lighted torches. Outside the courtyard was a great garden filled with blossoming pear trees and pomegranates, and apple trees with shining fruit, and figs, and olives. All the year round there was fruit in that garden. There were grapes in blossom and grapes purple and ready to eat, and there were great masses of snowy pear blossom, and pink apple blossom, and golden ripe pears, and rosy apples.

Odysseus stood and gazed at all of those wonders, but it was not for long. He hastened through the halls to where the queen sat in the firelight, spinning her purple yarn. He fell at her knees, and silence came on all those in the room when they looked at him. He seemed so brave and so handsome.

"I have come here through many and great troubles, queen," he said. "Speed, I pray you, my parting right quickly, that I may come to my own country. I have suffered great sorrows far away from my own friends too long."

Then he sat down among the ashes by the fire, and for a little while no one spoke.

At last a wise old courtier said to the king, "Truly it is not right that this stranger should sit in the ashes by the fire. Bid him arise, and give him meat and drink."

At this the king took Odysseus by the hand and asked him to rise. He made one of his sons give up his silver inlaid chair, and bade his servants fetch a silver basin and a golden ewer that Odysseus might wash his hands. He also made them fetch all kinds of dainties to eat and drink. The lords and the courtiers who were there feasted along with Odysseus, until it was time for them to go to their own homes.

Before they went the king promised Odysseus a safe convoy back to his own land.

When he was left alone with the king and queen, the queen said to him, "Tell us who you are. I myself made the clothing that you are wearing. From where did you get it?"

Then Odysseus told her of his imprisonment on the island of Calypso, of his escape, of the terrible storm that shattered his raft, and of how at length he reached the shore and met with Nausicaa.

"It was wrong of my daughter not to bring you to the palace when she came with her maids," said the king.

But Odysseus told him why Nausicaa had told him to stay behind.

"Do not be angry with this blameless maiden," he said. "Truly she is the sweetest and the fairest maid I ever saw."

Then Odysseus went to the bed that the servants had prepared for him. They had spread fair purple blankets over it. When it was ready they stood beside it with their torches blazing, golden and red.

"Up now, stranger, get to sleep," they said. "Your bed is made."

Sleep was very sweet to Odysseus that night as he lay in the soft bed with warm blankets over him. He was no longer tossed and beaten by angry seas, no longer wet and cold and hungry. The roar of furious waves did not beat in his ears, for all was still in the great halls where the flickering firelight played on the frieze of blue, and turned the brass walls into gold. Next day the king gave a great entertainment for Odysseus. There were boxing and wrestling and leaping and running, and in all of these the brothers of Nausicaa were better than all the others who tried. But when they came to throw the weight, and begged Odysseus to try, he cast a stone heavier than all the others, far beyond where the Phaeacians had thrown.

That night there was feasting in the royal halls,

and the king's minstrels played and sang songs of the taking of Troy, and of the bravery of the great Odysseus. And Odysseus listened until his heart could bear no more, and tears trickled down his cheeks. Only the king saw him weep. He wondered much why Odysseus wept, and at last he asked him. So Odysseus told the king his name and the whole story of his adventures since he had sailed away from Troyland. Then the king and queen and their courtiers gave rich gifts to Odysseus. A beautiful silver-studded sword was the king's gift to him. Nausicaa gave him nothing, but she stood and gazed at him in his purple robes and felt surer than ever that he was the most handsome and the greatest hero she had ever seen.

"Farewell, stranger," she said to him when the hour came for her to go to bed, for she knew she would not see him in the morning. "Farewell, stranger. Sometimes think of me when you are in your own land."

Then Odysseus said, "All the days of my life I shall remember you, Nausicaa, for you have given me my life."

Next day a company of the Phaeacians went down to a ship that lay by the seashore, and Odysseus went with them. They carried the treasures that had been given to him and put them on board, and spread a rug on the deck for him. There Odysseus lay down, and as soon as the splash of the oars in the water and the rush and gush of the water from the bow of the boat told him that the ship was sailing speedily to his dear land of Ithaca, he fell into a sound sleep. The ship went onward, so swiftly that not even a hawk flying after its prey could have kept pace with her. When the bright morning stars arose, they were close to Ithaca. The sailors quickly ran their vessel ashore and gently carried the sleeping Odysseus, wrapped round in his rug of bright purple, to where a great olive tree bent its grey leaves over the sand. They laid him under the tree, put his treasures beside him, and left him, still heavy with slumber. Then they climbed into their ship and sailed away.

While Odysseus slept the goddess Athene shed a thick mist round him. When he awoke, the sheltering heavens, the long paths, and the trees in bloom all looked strange to him when seen through the greyness of the mist.

"I'm so miserable!" he groaned. "The Phaeacians promised to bring me to Ithaca, but they have brought me to a land of strangers, who will surely attack me and steal my treasures."

But while he was wondering what he should do, the goddess Athene came to him. She was tall and fair and noble to look upon, and she smiled upon Odysseus with her kind grey eyes. Under the olive tree she sat down beside him, and told him all that had happened in Ithaca while he was away, and all that he must do to win back his kingdom and his queen.

CHAPTER
7

While Odysseus Was Away

While Odysseus was fighting far away in Troyland, his baby son grew to be a big boy. And when years passed and Odysseus did not return, the boy, Telemachus, grew to be a man.

Telemachus loved his beautiful mother, Penelope, but his heart always longed for the hero father whom he could only dimly remember. As time went on, he longed more and more, for evil things came to pass in the kingdom of Odysseus.

The chiefs and lords of Ithaca admired Penelope for her beauty. They also wanted to get her money and her lands. When Odysseus did not return, each one of these greedy and wicked men wished to marry her and make all that had belonged to brave Odysseus his own.

"Odysseus is surely dead," they said, "and Telemachus is only a lad and cannot harm us."

So they came to the palace where Penelope and Telemachus lived, and there they stayed, year in, year out, feasting and drinking and wasting the goods of Odysseus. Their roughness and greed troubled Penelope, but they each one tormented her daily still more by rudely asking, "Will you marry me?"

At last she fell on a plan to stop them from talking to her of marriage.

In the palace hall she set up a great web, beautiful and fine of woof.

Then she said, "When I have finished weaving this robe I shall give you my answer."

Each day she worked at it, but each night, when the wooers slept, she undid all that she had done during the day. So it seemed to the wooers as if the robe would never be finished.

Penelope's heart was heavy, and heavy, too, was

the heart of Telemachus. For three weary years, while Odysseus was imprisoned on the island of Calypso, the mother and son pined together.

One day Telemachus sat at the door of the palace sadly watching the wooers as they drank and revelled. He was thinking of the brave father that he feared was dead, when there walked up to the door of the courtyard a stranger dressed like a warrior from another land.

The stranger was the goddess Athene. At the same time that she gained leave from the gods to set Odysseus free, they had agreed that she should go to Ithaca and help Telemachus. But she came dressed as a warrior and not as a beautiful, grey-eyed, golden-haired goddess with golden sandals on her feet.

Telemachus rose up and shook her kindly by the hand, and led her into the hall. He took from her the heavy bronze spear that she carried, and made her sit down on one of the finest of the chairs, in a place where the noise of the rough wooers should not disturb her.

"Welcome, stranger," he said. "When you have

had food, you shall tell us in what way we can help you."

He then made servants bring a silver basin and a golden ewer that she might wash her hands, and he fetched her food and wine of the best.

Soon the wooers entered, and noisily they ate and drank, and they jested roughly. Telemachus watched them and listened with an angry heart. Then, in a low voice, he said to Athene:

"These men greedily eat and drink and waste my father's goods. They think the bones of Odysseus bleach out in the rain in a far land, or are tossed about by the sea. But my father is still alive. And were he to come home, the cowards would flee before him. Tell me, stranger, have you come from a far-off country? Have you ever seen my father?"

Athene answered, "Odysseus still lives. He is a prisoner on an island, but it will not be long before he escapes and comes home. You are like Odysseus, my son. You have a head like his, and the same beautiful eyes."

When Athene spoke to him so kindly and so

hopefully, Telemachus told her all that was in his heart. And when the wickedness and greed of the wooers was made known to her, Athene grew very angry.

"You are in need of Odysseus," she said. "If Odysseus were to come to the door now with lance in hand, soon he would scatter those shameless ones before him."

Then she told Telemachus what he must do.

"Tomorrow," she said, "call your lords to a council meeting, and tell the wooers to return to their homes."

For himself, she told him to fit out a ship with twenty oarsmen, that he might sail to a land where he should get news of his father.

"You are tall and handsome, my friend," she said. "Be brave, that even in days to come men may praise your name."

"You speak as a father to a son. I will never forget what you have said," said Telemachus.

He begged Athene to stay longer, and wished to give her a costly gift. But she would not stay, nor accept any present. To Telemachus she had given a gift, though he did not know it. For she had put strength and courage into his heart when she flew away like a beautiful bird across the sea. She left behind her, not a frightened, unhappy boy, but a strong, brave man.

The wooers took no notice of the comings and goings of the strange warrior. They were so busy with their noisy feast. As they feasted a minstrel played to them on his lyre, and sang a song of the return of the warriors from Troyland when the fighting was over.

From her room above, Penelope heard the song, and came down. For a little while, standing by the door, she listened. Then she could bear it no longer, and weeping, she said to the minstrel:

"Sing some other song, and do not sing a song of return from Troyland to me, whose husband never returned."

Then Telemachus, in a new and manly way that made her wonder, spoke to his mother.

"Do not blame the minstrel, dear mother," he said. "It is not his fault that he sings sad songs, but the fault of the gods who allow sad things to be. You are not the only one who has lost a loved one in Troyland. Go back to your room, and let me order what shall be, for I am now the head of the house."

In the same fearless, manly way he spoke to the wooers:

"You may feast tonight," he said; "only let there be no brawling. Tomorrow meet with me. For once and for all it must be decided if you are to go on wasting my goods, or if I am to be master of my own house and king in my own land."

The wooers bit their lips with rage, and some of them answered him rudely. But Telemachus paid no attention. When at last they returned to their houses, he went upstairs to his own room. The old woman who had nursed him when he was a child carried torches before him to show him the way. When he sat down on his bed and took off his doublet, she folded the doublet and smoothed it and hung it up. Then she shut the door with its silver handle, and left Telemachus, wrapped in a soft fleece of wool, thinking far into the night of all that

Athene had said to him.

When day dawned he dressed and buckled on his sword, and told heralds to call the lords to a council meeting. When all were assembled he went into the hall. In his hand he carried a bronze spear, and two of his hounds followed him. When he went up to his father's seat and sat down there, the oldest men gave place to him. For Athene had shed on him such a wondrous grace that he looked like a young god.

"We have never had a council meeting since brave Odysseus sailed away to Troyland," said one old lord. "I think the man who has called this meeting is a true man—good luck with him! May the gods give him his heart's desire."

This seemed so good a beginning that Telemachus was glad. Burning to say all that had been in his heart for so long, he rose to his feet and spoke.

He spoke sadly of the loss of his father, and then, with burning words, of the cowardly wooers, of their feastings and revellings and wasting of his goods, and of their insolence to Penelope and himself.

When he had thus spoken in rage and grief, he

burst into tears.

For a little while there was silence. Then one of the wooers said angrily:

"Penelope is to blame, and no other. For three years she has deceived us. 'When I have finished weaving this robe I shall give you my answer,' she said. So we waited and waited. But now that three years have gone and a fourth has begun. It is told us by one of her maids that each night she has undone all that she has woven during the day. She can deceive us no longer. She must now finish the robe, and tell us whom she will marry. For we will not leave this place until she has chosen a husband."

Then, once again, with pleading words, Telemachus tried to move the hearts of the wooers.

"If you will not go," at last he said, "I will ask the gods to reward you for your wickedness."

As he spoke, two eagles flew from the mountain crest, fleet as the wind. Side by side they flew until they were above the place of the council meeting. Then they wheeled about, darted with fury at each other, and tore with their savage talons at each other's heads and necks. Flapping their great wings, they then went swiftly away and were lost in the far distance.

A wise old man said, "It is an omen. Odysseus will return, and woe will come upon the wooers. Let us make an end of these evil doings and keep harm away from us."

"Go home, old man," angrily mocked the wooers. "Prophesy to your own children. Odysseus is dead. We would that you had died with him. Then you could not have babbled nonsense, and tried to hound on Telemachus in the hope that he may give you a gift."

They said again to Telemachus:

"We will go on wasting your goods until Penelope weds one of us."

Only one beside the old man was brave enough to speak for Telemachus. Fearlessly and nobly his friend Mentor blamed the wooers for their shamelessness. But they jeered at him, and laughed aloud when Telemachus told them he was going to take a ship and go to look for his father.

"He will never come back," said one. "Even were Odysseus himself to return, we should slay him when he came."

Then the council meeting broke up, and the wooers went again to revel in the palace of Odysseus.

Telemachus went down to the seashore, and knelt where the grey water broke in little white wavelets on the sand.

"Hear me," he cried, "you who spoke with me yesterday. I know now that you are a god. Tell me, I pray you, how shall I find a ship to sail across the misty sea and find my father? There is no one to help me."

Swiftly, in answer to his cry, came Athene.

"Be brave. Be your father's son," she said. "Go back to your house and get ready corn and wine for the voyage. I will choose the best of all the ships in Ithaca for you, and have her launched, and manned by a crew, all of them willing men."

Then Telemachus returned to the palace. In the courtyard the wooers were slaying goats and singeing swine and making ready a great feast.

"Here comes Telemachus, who is planning to destroy us," they mocked. "Telemachus, who speaks so proudly—angry Telemachus."

One youth said:

"If he goes on a voyage he will be like Odysseus, and never return. Who knows! Then we will have all his riches to divide among ourselves, and his house will belong to the man who weds Penelope."

Telemachus shook off the jeering crowd, and went down to the vaulted chamber where his father's treasures were kept. Gold and bronze lay there in piles, and there were great boxes of splendid clothes, and barrels of wine. The heavy folding doors of the treasure chamber were shut day and night, and the old nurse was the keeper of the treasures.

Telemachus bade her get ready corn and wine for the voyage.

"When my mother has gone to rest I will take them away," he said. "This night I will go to seek my father across the sea."

At this the old nurse began to cry.

"Do not go, dear child," she wailed. "You are our

only one, and we love you so well. Odysseus is dead, and what can you do, sailing far away across the deep sea? As soon as you are gone, those wicked men will begin to plot evil against you. Do not go. Do not go. There is no need for you to risk your life on the sea and go wandering far from home."

"Take heart, nurse," said Telemachus. "The goddess Athene has told me to go, so all will be well. But promise me not to tell my dear mother that I am gone until she misses me. I do not wish to mar her fair face with tears."

The nurse promised, and began to make ready all that Telemachus wished.

Meantime Athene, in the likeness of Telemachus, found a swift-sailing ship, and men to sail it. When darkness fell, she sent sleep on the wooers and led Telemachus down to the shore where his men sat by their oars.

Telemachus brought his men to the palace, where everyone slept and all was still and quiet. None but the old nurse knew he was going away, but they found the food and wine that she had got ready and carried it down to the ship. Then Athene went on board, and Telemachus sat beside her. A fresh west wind filled the sails and went singing over the waves. The dark water surged up at the bow as the ship cut through it. And all night long and till the dawn, the ship sailed happily on her way.

At sunrise they came to land, and Athene and Telemachus went on shore. The rulers of the country welcomed them and treated them well, but could tell nothing of Odysseus after the siege of Troy was over. Athene gave Telemachus into their care, then, turning herself into a sea eagle, she flew swiftly away, leaving them amazed because they knew she must be one of the gods.

While Telemachus sought for news of his father in this kingdom, and the kingdoms near it, the wooers began to miss him at their feasts. They fancied he was away hunting, until, one day, as they played games in front of the palace, the man whose ship Athene had borrowed came to them.

"When will Telemachus return with my ship?" he asked. "I need it that I may cross over to where

I keep my horses. I wish to catch one and break him in."

When the wooers heard from him that Telemachus had sailed away with twenty brave youths, in the swiftest ship in Ithaca, they were filled with rage.

At once they got a ship and sailed to where they might meet Telemachus in a strait between Ithaca and another rocky island.

"We will slay him there," they said. "We will give him a woeful end to his voyage in search of his father."

When Penelope heard this, and knew that her son was perhaps sailing to his doom, her heart almost broke. She wept bitterly, and reproached her maidens with not having told her that Telemachus had gone.

"Slay me if you will," said the old nurse. "But I alone knew it. Telemachus made me promise not to tell you, that your fair face might not be marred by weeping. Do not fear, the goddess Athene will take care of him."

Thus she comforted her mistress, and although

she lay long awake that night, Penelope fell asleep at last. In her dreams Athene came to her and told her that Telemachus would come safely home, and so Penelope's sad heart was cheered.

While she slept the wooers sailed away in a swift ship, with spears in their hands and murder in their hearts. On a little rocky isle they landed until the ship of Telemachus should pass. They waited there, that they might slay him when he came.

CHAPTER

8

How Odysseus Came Home

While yet Telemachus sought news of his father, Odysseus was almost home. On that misty morning when he found himself in Ithaca, and did not know it, because the grey fog made everything seem strange and unfriendly, Odysseus was very sad as he sat beside the moaning sea.

Then Athene came, and drove the mist before her. Odysseus saw again the land that he loved, and knew that his wanderings were past. She told him the tale of the wooers, and of the unhappiness of Penelope and Telemachus, and the heart of Odysseus grew hot within him.

"Stand by me!" he said to the goddess. "If you of your grace will help me, I myself will fight three hundred men."

"Truly I will stand by you," said Athene, "and many of the greedy wooers shall stain the earth with their blood."

She then told Odysseus how the wooers were to be destroyed, and Odysseus gladly agreed to her plans. First she made him hide far in the darkness of the cave, under the olive tree.

Then she touched him with her golden wand. In a moment his yellow hair fell off his head; his bright eyes were dim; his skin was withered and wrinkled, and he had a stooping back and tottering legs like a feeble old man. She changed his clothes of purple and silver into torn and filthy old rags, and she threw over his shoulders the old skin of a stag with the hair worn off.

"Go now," said Athene, "to where your faithful swineherd sits on the hill, watching his swine as they grub among the acorns and drink of the clear spring. He has always been true to you and to your wife and son. Stay with him and hear all that he has to tell, and I will go and fetch home Telemachus."

"When you knew all, why didn't you tell Telemachus?" asked Odysseus. "Is he, too, to go wandering over stormy seas, far from his own land?"

"Telemachus will be a braver man for what he has gone through," said Athene. "No harm shall come to him, although the wooers in their ship wait to slay him."

Then Athene flew across the sea, and Odysseus climbed up a rough track through the woods to where the swineherd had built himself a hut. The hut was made of stones and thorn branches, and beside it were sties for the swine made in the same way. The wooers had eaten many swine at their daily feasts, but thousands remained. The swineherd tended these, with three men and four fierce dogs to help him.

At an open space on the hill, from where he could look down at the woods and the sea, Odysseus found the swineherd sitting at the door of his hut making himself a pair of sandals out of a brown oxhide.

When the swineherd's dogs saw a dirty, bent old man toiling up the hill, they rushed at him, barking furiously. They leapt up on him and would have torn him to pieces if their master had not cast away his oxhide, dashed after them, scolded them and beaten them, and then driven them off with showers of stones.

"If my dogs had killed you I should have been forever ashamed," he said to Odysseus, "and without that I have enough sorrow. While my noble master may be wandering in a strange land and lacking food, I have to feed his fat swine for others to eat."

So speaking, he led Odysseus to his hut. He laid some brushwood on the floor, spread over it the soft, shaggy skin of a wild goat, and bade Odysseus be seated. Then he went out to the sties, killed two sucking pigs, and roasted them daintily. When they were ready he cut off the choicest bits and gave them to Odysseus, with a bowl of honey-sweet wine.

While Odysseus ate and drank, the swineherd talked to him of the greed and wastefulness of the wooers. Odysseus listened in silence, planning in his heart how he might punish them.

"Tell me your master's name," he said at length. "I have travelled in many lands. Perhaps I may have seen him, and may give you news of him."

But the swineherd answered:

"Each vagrant who comes straying to the land of Ithaca goes to my mistress with lying tales of how he has seen or heard of my master. She receives them all kindly, and asks many questions, while tears run down her cheeks. You, too, old man, would quickly make up a story if anyone would give you some new clothes. My master is surely dead, and wherever I may go I shall never again find a lord so gentle."

Then said Odysseus:

"My friend, I swear to you that Odysseus shall return. In this year, as the old moon wanes and the new is born, he shall return to his home."

When the other herds returned that evening they found Odysseus and their master still deep in talk. At night the swineherd made a feast of the best that he had, and still they talked, almost until dawn. The night was black and stormy, and a drenching rain blotted out the moon. But the swineherd let Odysseus lying in the bed he had made for him, with his own thick mantle spread over him. He then went outside and lay under a rock that sheltered him from the storm, keeping guard on the white-tusked boars that slept round him. And Odysseus knew that he had still at least one servant who was faithful and true.

While Odysseus dwelt with the swineherd, Athene sought Telemachus and bade him hasten home. Speedily Telemachus went back to his ship and his men. The hawsers were loosed, the white sail hauled up, and Athene sent a fresh breeze that made the ship cut through the water like a white-winged bird. It was night when they passed the island where the wooers awaited their coming, and in the darkness none saw them go by.

By daybreak they reached Ithaca, and Telemachus, as Athene had bidden him, sent the men to the harbour with the ship, but made them put him ashore on the woody coast near the swineherd's dwelling.

With his bronze-shod spear in his hand, Telemachus strode up the rocky path. Odysseus and the swineherd had kindled a fire, and were preparing the morning meal, when Odysseus heard the noise of footsteps. He looked out and saw a tall lad with yellow hair, bright eyes, and a fearless, noble face. "Surely here is a friend," he said to the swineherd. "Your dogs are not barking, but jump up and fawn on him."

The swineherd looked, and when he saw his young master he wept for joy.

"I thought I should never see you, sweet light of my eyes," he said. "Come into my hut, that I may gladden my heart with the sight of you."

He then spread before him the best he had, and the three men ate together. Although Odysseus seemed only a poor, ragged, old beggar, Telemachus treated him with such gentleness and such courtesy that Odysseus was proud and glad of his noble son. Soon Telemachus sent the swineherd to tell Penelope of his safe return. When he had gone Athene entered the hut. She made herself invisible to Telemachus, but beckoned to Odysseus to go outside.

"It's time for you to tell your son who you are," she said, and touched him with her golden wand.

At once Odysseus was again a strong man, dressed in fine robes, and radiant and beautiful as the sun.

When he went back into the hut Telemachus thought he was a god.

"I am no god," said Odysseus; "I am your father, Telemachus."

And Odysseus took his son in his arms and kissed him, and the tears that he had kept back until now ran down his cheeks. Telemachus flung his arms round his father's neck, and he, too, wept like a little child. He was so glad that Odysseus had come home.

All day they spoke of the wooers and plotted how to slay them.

When the swineherd returned, Athene had once more changed Odysseus into an old beggar. He told Telemachus that the wooers had returned, and were so furious with Telemachus for escaping from them, that they were going to kill him next day.

At this Telemachus smiled to his father, but neither said a word.

Next morning Telemachus took his spear and said to the swineherd:

"I will go to the palace to see my mother. As for this old beggar, lead him to the city that he may beg there."

And Odysseus, still pretending to be a beggar, said:

"It is better to beg in the town than in the fields. My garments are very poor and thin, and this frosty air chills me. But as soon as I am warmed at the fire and the sun grows hot, I will gladly set out."

Telemachus strode down the hill to the city. When he came to the palace, his old nurse, whom he found busy in the hall, wept for joy. And when Penelope heard his voice, she came from her room and cast her arms round him and kissed his face and his eyes, and said, while tears ran down her cheeks:

"You have come, sweet light of my eyes. I thought I should never see you."

Then Telemachus, looking like a young god, with his spear in his hand and his two hounds following at his heels, went to the hall where the wooers sat. He told his adventures to his friend Mentor, but he looked on the wooers with silence and scorn.

Soon Odysseus and the swineherd followed him to the city. A beggar's bag, all tattered, was slung round the shoulders of Odysseus. In his hand he carried a staff. Men who saw him, tattered and feeble, mocked at him and his guide. But Odysseus kept down the anger in his heart, and they went on to the palace. Near the doorway, lying in the dirt, thin and old and rough of coat, lay Argos, the dog that long ago had been the best and fleetest that had hunted the hares and deer with Odysseus.

When he heard his master's voice he wagged his tail and tried to crawl near him. But he was too feeble to move. He could only look up with loving, wistful eyes that were almost blind, and wag his tail gladly. He was so glad that his faithful heart broke for joy. Before Odysseus could pat his head or speak a kind word to him, old Argos rolled over dead.

There were tears in the eyes of Odysseus as he walked past the body of his friend. He sat down on the threshold leaning on his staff. When Telemachus sent him bread and meat from his table he ate hungrily. When the meal was over he went round the hall begging from the wooers. Some gave him scraps of broken meat. Others called him hard names and told him to get out. One of them seized a footstool and struck him with it.

But Odysseus still kept down the anger in his heart, and went back to his seat on the threshold with his beggar's bag full of the scraps that had been given to him.

As he sat there, a common beggar, well known for his greed and impudence, came to the palace.

"Get out, old man," he said to Odysseus, "else I shall knock all your teeth from your head."

He said more, rudely and roughly. At last he struck Odysseus.

Then Odysseus could bear no more, and struck him on the neck so hard that the bones were broken, and he fell on the ground with blood gushing from his mouth. Odysseus dragged him outside by the heels, and propped him, with his staff in his hands, against the courtyard wall.

"Sit there," he said, "and scare off dogs and swine."

The wooers laughed and enjoyed the sport, and gave gifts of food to the sturdy old beggar, as they took Odysseus to be. All evening they feasted and drank, but when night fell they went to their own homes.

When they had gone Odysseus and Telemachus carried all the helmets and swords and sharp-pointed spears that stood in the hall away to the armoury and hid them there.

Then Telemachus went to his room to rest, but Odysseus sat in the hall where the servants were clearing away the remains of the feast. While he sat there, Penelope came with her maids and rested on a chair in front of the glowing wood fire on which the servants had piled fresh logs.

She talked kindly and gently to the old beggar, and bade the old nurse bring water to wash his weary feet.

Long ago, a wild boar that he hunted had once torn the leg of Odysseus with his tusk. As the old nurse washed his feet she saw the scar. In a moment she knew her master, and cried out. The brazen bath fell with a clang on the floor, and the water was spilt.

"You are Odysseus," she said. "I did not know you, my dear child, until I found the scar."

Penelope must have heard her glad cry, had not Athene at that moment made her deep in thoughts of other things. Quickly Odysseus bade the old nurse be silent, and the old woman obeyed him.

Before Penelope went to rest she said sadly to Odysseus, "I feel that the end is drawing near. Soon I shall be separated from the house of Odysseus. My husband, who was always the best and bravest, used to set up the twelve axes you see standing here, and between each axe he shot an arrow. I have told the wooers that I shall marry whichever one of them who can do the like. Then I shall leave this house, which must be most dear to me forever."

Then answered the old beggar, "Odysseus will

be here when they shoot. It will be Odysseus who shoots between the axes."

Penelope, longing for his words to be true, went up to her room and lay crying on her bed until her pillows were wet. Then Athene sent sleep upon her eyelids and made her forget all her sorrows.

Odysseus, too, would have tossed all night wide awake, with a heart full of anger and revenge. But Athene gently laid her hands on his eyes and made him fall asleep.

Next day the wooers came to the palace, and with rough jests and rude words they greeted Odysseus.

"Who harms this man must fight with me," said Telemachus, and at that the wooers shouted with laughter.

But a stranger who sat among them cried out in a voice of fear:

"I see your hands and knees shrouded in blackness! I see your cheeks wet with tears! The walls and the pillars drip blood; the porch is full of shadows; ghosts are hastening out of the grey mist that fills the palace."

At this the wooers laughed the more, for they thought the man was mad. But, as in a dream, he had seen truly what will come to pass. Weeping, Penelope then brought forth from the armoury the great bow with which Odysseus had shot in years that were past. Her heart was full of love for Odysseus, and she could not bear to marry another. Telemachus then threw aside his red cloak and ranged out the bronze axes. One by one the wooers tried to move the great bow and make it drive a swift arrow before it. One by one they failed.

And when it seemed as if there was no man strong enough to move it, Odysseus took it in his hands. Between each axe he shot an arrow. When the last arrow was shot he tore off his rags, and in a voice that rang through the palace he cried to Telemachus, "Now it is time to prepare supper for the wooers! Now, at last, it is time for this terrible trial. I will go to shoot at another mark!"

With that he shot an arrow at the wooer who had ever been the most insolent and the cruelest.

It struck him in the throat, his blood dripped red on the ground, and he fell dead. The others gave a great cry of rage. But Odysseus looked at them with burning eyes, and with a voice that made them tremble he cried:

"You dogs! You said I should never return. You are like the traitors. You have wasted my goods and insulted my queen. But now death has come to you, and none shall escape."

In vain the cowards, their faces pale with fear, begged for mercy. There was no mercy that day. It was useless for those who drew their swords and rushed on Odysseus to try to slay him. Before their swords could touch him, his bow had driven sharp arrows into their hearts. One of the servants of the palace treacherously climbed into the armoury and brought spears and shields and helmets for the wooers. But even that did not daunt Odysseus and his son. Telemachus, with his spear, killed man after man. When his arrows were done Odysseus also snatched a spear, and they fought side by side. Beside them fought the swineherd and one other man. They all fought the more fearlessly because, all the time, Athene put fresh courage in their hearts.

When it was over the floor ran with blood, and Odysseus, like a lion at bay, stood with the dead bodies of the wooers. His face and hands were stained with blood.

When all lay dead, the old nurse gave a great cry of joy.

"Rejoice in your heart, old nurse," said Odysseus. "It is an unholy thing to rejoice over slain men."

The nurse hastened to Penelope's room.

"Penelope, dear child!" she cried. "Odysseus has come home, and all the wooers lie dead."

At first Penelope would not believe her. It seemed too good to be true. Even when she came down and saw Odysseus leaning against a tall pillar in the light of the fire, she would not believe what her own eyes saw.

"Surely, mother, your heart is as hard as stone," said Telemachus. "Don't you know my father?"

But Penelope saw only a ragged beggar, soiled with the blood of the men he had slain, old and ugly and poor. Then Athene shed her grace upon Odysseus, and once more he was tall and strong and gallant to look upon, with golden hair curling like hyacinth flowers round his head. And Penelope ran to him and threw out her arms, and they held each other close and wept together like those who have suffered shipwreck, and have been tossed for long by angry seas, and yet have returned safely home at last. When the sun went down that night on the little rocky island of Ithaca in the far seas, the heart of Odysseus was glad, for he knew that his wanderings were over.

有声双语经典

地心游记	A Journey to the Center of the Earth
海底两万里	20,000 Leagues Under the Sea
爱丽丝漫游奇境	Alice's Adventures in Wonderland
野性的呼唤	The Call of the Wild
圣诞颂歌	A Christmas Carol
基督山伯爵	The Count of Monte Cristo
福尔摩斯探案	The Adventures of Sherlock Holmes
伊索寓言	Aesop's Fables
绿山墙的安妮	Anne of Green Gables
海蒂	Heidi
巴黎圣母院	The Hunchback of Notre Dame
简·爱	Jane Eyre
格林童话	Grimm's Fairy Tales
雾都孤儿	Oliver Twist
秘密花园	The Secret Garden
奇幻森林	The Jungle Book
小妇人	Little Women
傲慢与偏见	Pride and Prejudice
绿野仙踪	The Wonderful Wizard of Oz
隐身人	The Invisible Man
大卫·科波菲尔	David Copperfield
三个火枪手	The Three Musketeers
金银岛	Treasure Island
哈克贝利·费恩历险记	The Adventures of Huckleberry Finn
鲁滨逊漂流记	The Adventures of Robinson Crusoe
汤姆·索亚历险记	The Adventures of Tom Sawyer
远大前程	Great Expectations
彼得·潘	Peter Pan
双城记	A Tale of Two Cities
柳林风声	The Wind in the Willows
小王子	The Little Prince

一千零一夜	Tales from the Arabian Nights
安徒生童话	Andersen's Fairy Tales
希腊神话和传说	Favorite Greek Myths
老人与海	The Old Man and the Sea
木偶奇遇记	The Adventures of Pinocchio
风中奇缘	The Story of Pocahontas
堂吉诃德	Adventures of Don Quixote
飞鸟集	Stray Birds
王子与贫儿	The Prince and the Pauper
快乐王子	The Happy Prince and Other Stories
格列佛游记	Gulliver's Travels
麦琪的礼物	The Gift of the Magi and Other Stories
昆虫记	Insect Adventures
莎士比亚悲剧故事	Tragedies from Shakespeare
莎士比亚喜剧故事	Comedies from Shakespeare
妈妈的银行账户	Mama's Bank Account
流萤集	Fireflies
花木兰	Hua Mulan
爱的教育	Cuore: The Heart of a Boy
伊利亚特	Iliad
奥德赛	Odyssey
呼啸山庄	Wuthering Heights

图书在版编目（CIP）数据

奥德赛 ： 英汉对照 /（古希腊）荷马著；刘露译.
南京 ： 译林出版社，2025. 1. --（有声双语经典）.
ISBN 978-7-5753-0439-9

Ⅰ. H319.4

中国国家版本馆CIP数据核字第20249WJ961号

Odyssey, original text by Homer, retold by Jeanie hang,
adapted by H. Grace

奥德赛 ［古希腊］荷马／著 刘 露／译

责任编辑 许 昆
装帧设计 胡 苨
校 对 梅 娟
责任印制 董 虎

出版发行 译林出版社
地 址 南京市湖南路 1 号 A 楼
邮 箱 yilin@yilin.com
网 址 www.yilin.com
市场热线 025-86633278
排 版 南京展望文化发展有限公司
印 刷 江苏凤凰新华印务集团有限公司
开 本 850 毫米 ×1168 毫米 1/32
印 张 7.25
插 页 4
版 次 2025 年 1 月第 1 版
印 次 2025 年 1 月第 1 次印刷
书 号 ISBN 978-7-5753-0439-9
定 价 32.00 元